HRAM 数理人材育成協会 編

データサイエンティスト教程
基 礎
II

ー現代数学の指標ー

学術図書出版社

本書のサポートサイト

https://www.gakujutsu.co.jp/text/isbn978-4-7806-1156-4/

本書のサポート情報や正誤情報を掲載します.

まえがき

　機械学習の様々な手法において，説明可能性と精度のトレードオフが生ずることは前著『データサイエンティスト教程　応用』で述べた．どの状況でどのツールをどのように使えばよいかを的確に判断するためには，個々の技術の基盤となっている思想を知ることが近道であり，そのためにはそれらの思想の根源にある数学を理解しておかなければならない．

　数理人材育成協会（HRAM）リスキリングプログラムでは，初級，AI，入門，基礎，応用，実践の6つのコースが設置されている．初級，AIは，それぞれ学部生向けのモデルカリキュラム「リテラシー」，「応用基礎」に対応し，入門コースは基礎コースへの入門の位置付けをもつ．

　6つのコースの中で，基礎コースがリスキリングプログラムの要であり，データを扱う専門家であるデータサイエンティストへの入り口である．同時に，データを自身の専門に活用するデータ関連人材にとっても基本的な知識を提供している．

　応用コースが情報学とデータエンジニアリングに軸足を置いているのに対し，基礎コースの力点は統計学とデータサイエンスにある．基礎コースはデータサイエンスの基本的なツールを解説する基礎コースIとその基礎となっている数学を解説する基礎コースIIとに分かれ，受講生はそのいずれか，または両方を受講することができるようになっている．

　本書ではビッグデータと機械学習を扱う基礎コースIをより深く理解するために必要な数学基礎を述べ，それらがデータサイエンスと数理モデルにおいてどのような基盤を与えているかを解説する．基礎コースIIの補助教材であると同時に，大学や高専においてもデータサイエンスに使われている数学を理解するのに有用な題材を提供するものである．

　第I部は数学基礎であり，本書の半分を占める．データサイエンスで使われている数学は，微積分，線形代数，最適化，確率論が基本である．微積分と線形代数は，大学において理系の学部低学年次学生の必須知識であり，それぞれ

に教科書やマニュアル本が多数出版されている．本書はこれらの科目全体を詳細に俯瞰しなくてもよいように，データサイエンス基礎を学ぶにあたって必要な部分だけを取り出して説明する．また，微積分，線形代数，最適化，確率論について，データサイエンスの立場から，関連している順に従い，縦横無尽に配列する．

　第 I 部は微積分から始める．複素数や実数の体系，実数と複素数を結ぶオイラーの公式，勾配と高階導関数に関する多変数関数の微分で一区切りする．次いで行列とベクトル空間を述べ，代数学の基本定理と絡めて行列の固有値を説明する．ここで実対称行列の性質を活用し，2 次曲面を例にとって最適化を扱い，再び微積分に戻ってリーマン積分を解説する．

　この順路に従って重積分の変数変換公式における行列式の役割を理解すると，データサイエンスで基本的な分布関数の計算が自由にできるようになる．そのあとで線形代数に戻り，連立 1 次方程式における解の一意存在が破綻する仕組みを，二つの基本定理（準同型定理，交代定理）によって解明する．この構造をもとに，連立 1 次方程式において過剰決定系，不足決定系の二つの状況が発生することを確認し，その解決法である擬似逆行列を最適化理論によって定式化する．上述の二つの基本定理から，回帰分析やリッジ正則化など，データサイエンスの基礎となっている擬似逆行列は，行列の階数と転置を用いて簡潔に表現することができるようになる．第 I 部の締めくくりは確率論であり，確率変数とベイズの定理についてデータサイエンスとの関係を含めて解説する．

　第 II 部ではデータサイエンスの基本的な技法である相関と回帰，次いでスパースモデリング，次元削減，統計的推測，類似度について，その数学的基盤を解説する．最初に相関と回帰を述べる．両者の相違を因果関係と絡めて解説し，回帰分析が過剰決定系において擬似逆元を求める操作であることを示す．次いで不足決定系において擬似逆元を安定的に求める操作である正則化の技法を解説し，スパースモデリングとの相違を示す．次元削減では，その操作が半正定値実対称行列の対角化に他ならないことを明らかにする．

　次いで統計的推測の基盤となっている標本抽出の基礎と，最尤推定を述べ，中心極限定理に基づく区間推定と区間検定の手法を簡潔に記述する．最後に類似度を用いた教師なし学習の例として，クラスタリングとテキスト処理を紹介する．

　第 III 部は，データサイエンティストが理解しておくことが望ましい数理モデルの取り扱いを述べる．取り上げるのは，数値計算，線形計画法，微分方程式，力学系である．数値計算では，勾配を用いた数値解法アルゴリズムの構築と適合型数値計算，さらに得られた数値の精度保証の考え方を，例題を通して説明する．線形計画法では双対定理の意味と，単体法のアルゴリズムを紹介する．最後の 2 章で，状態量の変化を記述する基本的なモデルである常微分方程式について，その意味，モデリング，解析法の一端を，物理，化学，生物の問題を取り上げて解説する．

　各項目を独立して理解できるように，本文には適宜小見出しをつけ，図も多用した．各章には章末問題を 1 題を提示するとともにそのねらいを記載して解答のヒントとし，またコラムによって関連する現代数学の概念や，本書姉妹編『データサイエンティスト教程　応用』で扱われている内容との関連性を記述し，読者の広範な興味に答えられるように配慮した．

　本書は大阪大学数理・データ科学教育研究センター (MMDS) が携わった社会人向けデータサイエンス標準教材を開発する厚生労働省事業において，朝倉が企画し，下川が実践したカリキュラムを，江口，中澤，朝倉，高野によるワーキングで校閲し，森岡による実践指導を踏まえて，鈴木が全面的に書き改めたものである．社会人向けリスキリングプログラムに加えて，大阪大学におけるリベラルアーツ科目としても実施し，最終的に鈴木が代表理事を務める HRAM が責任編集した．社会人受講生からは「学生の時にこんな授業を受けてみたかった」という声も寄せられている．本書が社会人の座右の書であるのみならず，大学・高専の学生にとっても有意義なものであることを信じている．

　本書出版に当たり，学術図書出版社の貝沼稔夫氏と小林愼一郎氏に多大のご尽力をいただいた．ここに謝意を表する．

令和 5 年 5 月吉日

鈴木　貴　（編著）

記号表

記号	意　味
$x \in A$	x は A の元（要素）
$B \subset A$	B は A の部分集合
$A \cup B$	A, B の合併（和集合）
$A \cap B$	A, B の共通部分
$T: A \to B$	T は A から B への写像
$T: x \mapsto Tx$	T は x を Tx に移す
$\exists$	存在する
$\forall$	任意の
$\sup$	上限
$\inf$	下限

目　　次

第 I 部

数学基礎

1 数の体系

「学習する機械」はデジタル革命の要である．この機械はデータ駆動型モデリングに基盤を置き，ビッグデータ分析，統計的機械学習，ディープラーニングによって実装される．一連の動作はすべて数学的な基盤をもち，数の体系はそのうちの最も基本的なものである．本章は，実数体が極限操作について閉じた体系であること，複素数体が代数方程式の解の存在について閉じた体系であること，またそれらのことがどのようにしてデータサイエンスの基礎を与えているかについて述べる．

1.1 ● 可算集合

数は，自然数，整数，有理数，実数，複素数など，様々な段階で広がっていく．この拡張は，それぞれのカテゴリーが全体として，四則演算，極限，代数方程式について完結していることを動機づけとしてなされるので，個別の数ではなく，数の**集合**がどういったものであるかを確認しておく必要がある．

以下，**自然数**の全体を $\mathbb{N} = \{1, 2, \ldots\}$，**整数**全体を $\mathbb{Z} = \{0, \pm 1, \pm 2, \ldots\}$，**有理数**全体を

$$\mathbb{Q} = \left\{ \frac{m}{n} \,\middle|\, n \in \mathbb{N},\ m \in \mathbb{Z} \right\}$$

とする．$\mathbb{Q}$ は**加減乗除（四則演算）**について閉じた体系であるが，**極限操作**については閉じていない．$\mathbb{Q}$ を含み，極限操作について閉じている最小の数の体系が，**実数**全体 $\mathbb{R}$ である．有理数でない実数を**無理数**という．$\mathbb{Q}, \mathbb{R}$ は代数学における「体（たい）」の公理系を満たすので，それぞれ有理数体，実数体ともいう．

整数係数の**代数方程式**

$$a_0 x^n + a_1 x^{n-1} + \cdots + a_{n-1} x + a_n = 0, \quad a_0, a_1, \ldots, a_n \in \mathbb{Z},\ a_0 \neq 0 \quad (1.1)$$

の解を**代数的数**という．有理数や $\sqrt{2}$ は代数的数である．代数的数でない無理数を**超越数**という．π や e は超越数であることが知られているが，実は超越数は無限個存在するばかりか，代数的数よりもはるかに「数が多い」．このこと

を最初に指摘したのはカントールである.

　一般に 2 つの集合 A, B があるとき, A の各元 $x \in A$ に B のただ 1 つの元 $y \in B$ を対応させる規則 f を, A から B への**写像**といい,

$$f : A \to B$$

で表す. 元は**要素**ともいう. 上記 f は A の異なる元を B の異なる元に写す, すなわち

$$f(x_1) = f(x_2), \ x_1, x_2 \in A \implies x_1 = x_2$$

であるとき 1 対 1 または**単射**であるといい, B の任意の元に「逆元」が存在する, すなわち

$$\forall y \in B, \ \exists x \in A, \quad f(x) = y$$

であるとき上への写像または**全射**であるという. 1 対 1 かつ上への写像のことを簡単に**全単射**という.

　写像 $f : A \to B$ の**逆写像** f^{-1} は

$$\forall x \in A, \ f^{-1}(f(x)) = x$$
$$\forall y \in B, \ f(f^{-1}(y)) = y$$

を満たす写像 $f^{-1} : B \to A$ を指す. 逆写像は存在すれば一意に定まる. また $f : A \to B$ が全単射であることと, その逆写像 $f^{-1} : B \to A$ が存在することとは同値である.

　2 つの集合 A, B は 1 対 1 かつ上への写像 $f : A \to B$ をもつとき, その**濃度**が同じであるという. また集合 A, B に対して A から B への単射が存在する一方, A から B への任意の単射が全射とならないとき, A の濃度は B の濃度より小さいといい

$$\#A < \#B$$

と書く. 有限集合の濃度は $\mathbb{N}$ の濃度より小さく, 以下で示すように $\mathbb{N}$ の濃度は $\mathbb{R}$ の濃度より小さい.

　A または B が有限集合で, 同じ濃度をもてば, どちらも有限集合で, 両者の元の個数は等しい. 自然数全体 $\mathbb{N}$ や整数全体 $\mathbb{Z}$ は無限集合である. 章末問題にあるように, $\mathbb{N}$ は $\mathbb{Z}$ の真部分集合であるにも関わらず, $\mathbb{N}$ から $\mathbb{Z}$ への全単射が存在する (図 1.1). 無限集合の間ではこうしたことが起こり得る.

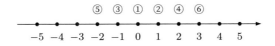

図 1.1 $\mathbb{Z}$ は可算

$\mathbb{N}$ と同じ濃度を持つ集合を**可算集合**という. 可算集合はそのすべての元を「数えることができる」集合である. $\mathbb{Z}$ は可算集合であるが, $\mathbb{Z}$ を真部分集合として含む $\mathbb{Q}$ も可算集合である. ところが $\mathbb{R}$ は可算集合ではない. このことから, 無理数全体が無限集合であるばかりでなく, $\mathbb{N}$ と 1 対 1 の対応がつかない, すなわち「数えきれないくらいたくさんの元をもつ」集合であることがわかる.

次の定理で述べるように, 代数的数全体に比べても, 実数全体ははるかに大きい集合である.

定理 1.1　代数的数は可算である. 従って超越数は非可算であり, 特に無限集合である.

証明　式 (1.1) を

$$x^n + a_1 x^{n-1} + \cdots + a_{n-1} x + a_n = 0, \quad a_1, \ldots, a_{n-1}, a_n \in \mathbb{Q}$$

と書き直す. $\mathbb{Q}$ の**積集合**を用いて

$$(a_1, \ldots, a_n) \in \mathbb{Q}^n = \overbrace{\mathbb{Q} \times \cdots \times \mathbb{Q}}^{n}$$

とみなすと, 次数 n の代数方程式全体は $\mathbb{Q}^n$ で表すことができ, 代数方程式全体は集合

$$\bigcup_{n \in \mathbb{N}} \mathbb{Q}^n$$

と同じ濃度を持つ. 従って代数方程式全体は可算であり, 各 n 次代数方程式から高々 n 個の実数解が得られることから, 代数的数が可算であることがわかる.

1.2 ● 連続体

対角線論法を用いて，前節で述べた次の定理を示してみよう．

定理 1.2　実数全体 $\mathbb{R}$ は可算でない．

証明　全単射 $f : \mathbb{R} \to I = (0, 1)$ を構成することができるので，I と $\mathbb{R}$ は同じ濃度を持つ．I が可算集合でないことを示す．以下，例えば $0.3 = 0.2999\ldots$ として，I の各元を 10 進小数で一義的に表すことにする．

I が可算集合であるとすると，全単射 $f : \mathbb{N} \to I$ が存在する．$j = 1, 2, \ldots$ に対して $f(j)$ を 10 進小数で

$$f(j) = 0.a_{j1}a_{j2}\ldots a_{jk}\ldots, \quad a_{jk} \in \{0, 1, \ldots, 9\}$$

で表して，$n = 1, 2, \ldots$ に対して $b_n \in \{1, 2\}$ を

$$b_n = \begin{cases} 1, & a_{nn} \text{ が偶数のとき} \\ 2, & a_{nn} \text{ が奇数のとき} \end{cases} \tag{1.2}$$

とおき，$b \in I$ を

$$b = 0.b_1 b_2 \cdots b_n \cdots$$

で定める．

仮定より $m \in \mathbb{N}$ が存在して

$$f(m) = b \tag{1.3}$$

が成り立つ．しかし (1.3) の左辺の第 m 桁は a_{mm} であり，右辺の第 m 桁は b_m であって，定義 (1.2) より両者の偶奇は一致しない．これは矛盾であり $\mathbb{N}$ と I の間の全単射 f は存在しない．よって I は可算集合ではない．∎

$\mathbb{N}$ の濃度を可算濃度と呼ぶのに対し，$\mathbb{R}$ の濃度を**連続濃度**という．連続濃度より大きな濃度は存在するであろうか．集合 A の部分集合全体を集合と考えて 2^A と書くと，対角線論法から常に

$$\#A < \#2^A$$

が成り立つ．特に $\mathbb{R}$ の濃度は $2^{\mathbb{N}}$ の濃度であるので，$\mathbb{R}$ は可算濃度より大きい．これがカントールの見出したことであり，同じ理由から，$X = 2^{\mathbb{R}}$ は連続濃度

より大きな濃度をもつ．さらに 2^X は X より大きな濃度をもつ．かくして，カントールは**無限にも段階がある**ことに気が付いたのである．

では，可算濃度と連続濃度の間の濃度をもつ $\mathbb{R}$ の部分集合が存在するであろうか．存在しないとするのが**連続体仮説**で，しばらくの間，**集合論**の中心的な課題として考察が進められた．

人類は永い間，無限の取り扱いに苦慮してきた．古代ギリシアにおいて提出された，**アキレスと亀の逆理**はその典型例である．漸く 20 世紀になって集合論が現れてから，無限の問題を的確に記述することができるようになったと言ってもよい．

かくして，無敵とも思われた集合論であるが，自分自身を要素として含む集合 $A, A \in A$, を対象とすると，無限ループが発生する．例えば，$A = \{x \mid x \not\in x\}$ とすると $A \in A$ も $A \not\in A$ も成り立ち得ない．哲学者ラッセルによってこのことが指摘されると，集合論の研究は大きく動揺する．

こうして矛盾を含まない公理系を定めて集合を議論する**公理的集合論**が起こることになる．実際，ゲーデルとコーエンによって，集合論の公理と連続体仮説が独立であること，すなわち連続体仮説を肯定しても否定しても，集合論の体系に矛盾が生じないことが明らかにされたのである．

1.3 ● 完備化

極限操作は，「近づく」という概念が定められた世界で行われるイベントである．一般に，**位相空間**とは，その元や部分集合の間に，遠い，近いということが公理系として定められている集合のことをいう．位相空間の公理系は様々に導入できるが，開集合族を用いるのが標準的である．この場合二つの位相空間 X, Y の間の写像 $f : X \to Y$ は，Y の任意の開集合 G の**逆像**

$$f^{-1}(G) = \{x \in X \mid f(x) \in G\}$$

が，X の開集合であることによって連続であると定める．位相は集合とともに現代数学の最も基本的な概念のひとつで，その普遍性から情報科学やデータサイエンスのみならず理学，工学の様々な分野で不可欠の言語となっている．

$\mathbb{Q}$ や $\mathbb{R}$ の位相は，2 点間の距離で導出することができ，距離によって導出された位相空間を**距離空間**という．以下で述べるように，$\mathbb{R}$ は $\mathbb{Q}$ の距離空間としての**完備化**としてとらえることができる．

　実際，円周率 π のように，無理数はその数に収束する有理数の点列で表すことができるが，同じ π に収束する点列は無数にある．3.141592... のように無限に続く小数で表したものはその 1 つに過ぎない．この場合は，同じ無理数に収束する点列全体からその**代表元**を取り出しているのである．

　$\mathbb{Q}$ や $\mathbb{R}$ の点列 $\{x_k\}$ が**コーシー列**であるとは

$$\lim_{k,\ell\to\infty}|x_k - x_\ell| = 0$$

が成り立つことをいう．$\mathbb{Q}$ の点列の中で $\mathbb{R}$ の元に収束するものは，コーシー列として特徴づけられる．$\mathbb{Q}$ のコーシー列の集まりで，$\mathbb{R}$ における収束先が同じものを集めて同一視すると $\mathbb{R}$ の任意の元を表現することができる．現代数学において最も基本的な概念の 1 つである**同一視**については 9.1 節で詳しく解説する．

　以上で述べた注意に従って，$\mathbb{Q}$ から $\mathbb{R}$ を構成することを，$\mathbb{Q}$ の**完備化**による $\mathbb{R}$ の構成という．すなわち

$$\widehat{\mathbb{R}} = \{\{x_k\} \subset \mathbb{Q} \mid コーシー列\}$$

とし，二つのコーシー列 $\{x_k\}, \{y_k\} \in \widehat{\mathbb{R}}$ で

$$\lim_{k\to\infty}|x_k - y_k| = 0$$

を満たすものを**同一視**

$$\{x_k\} \sim \{y_k\} \tag{1.4}$$

したものが実数体 $\mathbb{R}$ である．このことを，$\mathbb{R}$ は，**同値関係** (1.4) による $\widehat{\mathbb{R}}$ の**商空間**であるといい，記号

$$\mathbb{R} = \widehat{\mathbb{R}}/\sim$$

で表す．このように定めた $\mathbb{R}$ には四則演算，順序，距離の構造がはいり，$\mathbb{Q}$ は $\mathbb{R}$ 内で**稠密**になる．すなわち与えられた無理数に対し，その値に収束する有理数の点列が存在する．

　$\mathbb{N}$ を，四則演算が閉じるように $\mathbb{Q}$ に拡張したように，$\mathbb{Q}$ を拡張した $\mathbb{R}$ は，極限操作について閉じている．すなわち $\mathbb{R}$ においては任意のコーシー列はその中で極限を持つ．このことがデータサイエンスの要である**最適化理論**が成立することを保証することになる．例えば**回帰分析**などの基本ツールは，実数の枠組みで正当化されるのである．

実数の完備性は，有界単調列の収束，有界無限集合の集積点の存在，上（下）に有界な集合の**上限（下限）**の存在など，いくつかの同値な命題で表すことができる．例えば任意の $F \subset \mathbb{R}$ は $\pm\infty$ を許せば**上限**と**下限**を持ち，これらを

$$\sup_{x \in F} x, \quad \inf_{x \in F} x$$

で表す．実数全体 $\mathbb{R}$ を直線と同一視することも多い．この場合 $\mathbb{R}^2 = \mathbb{R} \times \mathbb{R}$ は平面，$\mathbb{R}^3 = \mathbb{R} \times \mathbb{R} \times \mathbb{R}$ は 3 次元空間を表すことになる．

完備性は**一様位相空間**という枠組みまで広げることができる．一様位相空間のうちでとりわけ重要なのが上述した距離空間で $\mathbb{R}$ はその一例である．完備化の要請から，微積分学の概念を根本的に変えたのが**ルベーグ積分論**で，現代数学の基本的な一分野である**実解析学**の源流になっている．

1.4 ● 複素数

x が実数であれば常に $x^2 \geq 0$ であり

$$x^2 = -1$$

は実数解をもたない．そこで**虚数単位** $\imath$ がこの解の 1 つであるとして，$x + \imath y$，$x, y \in \mathbb{R}$ をすべて集めたものが**複素数体** $\mathbb{C}$ である．

$\mathbb{C}$ の各元には**絶対値**が定義できる．$\mathbb{C}$ は，この絶対値から導入される距離について，実数と同様に，極限操作について閉じた体系である完備性を備えている．さらに四則演算について閉じているだけではなく，$\mathbb{Q}$ と異なり代数方程式の解についても閉じている．すなわち，任意の $n \in \mathbb{N}$ と $a_1, \ldots, a_n \in \mathbb{C}$ に対して，n 次代数方程式

$$z^n + a_1 z^{n-1} + \cdots + a_{n-1} z + a_n = 0$$

は，重複も入れると n 個の複素数解をもつ．このことを**代数学の基本定理**という．

たいていのデータは実数の組である**実ベクトル**であるが，データサイエンスの理論では複素数が用いられている．一見不思議なこの事実は，複素数が，全体として代数方程式が解をもつ閉じた体系になっていることを保証する代数学の基本定理による．例えば n 次正方行列の**固有値**を定める**固有方程式**は n 次代数方程式であり，行列が実数のみを成分としたとしても固有値は実数の範囲で

は求められないが，複素数の範囲では求めることができる．すると，次章で述べる**オイラーの公式**によって，複素数の固有値を実世界で起こっている出来事と結びつけることができるようになる．

　データサイエンスの問題は，**行列**を使って定式化できることが多く，正方行列の**固有値**はその行列の本質をとらえたものである．第5で述べる**実対称行列の対角化**も，複素数を用いると効率的に説明ができる．長方行列の**特異値分解**は実対称行列の対角化によって導出されるものであり，**次元削減**，**特徴抽出**など，**統計的機械学習**の基本的なツールになっている．実数を成分とする正方行列であっても，その固有値は実数の範囲にはとどまらず，複素数までを視野に入れて初めて全体像が把握できるのである．

　代数学の基本定理と関連するものに，**アーベルの定理**がある．この定理は，$n \geq 5$の場合にn次代数方程式の解を，係数の四則演算と累乗根を用いて表示する公式が存在しないことを主張するもので，解の存在を保証する代数学の基本定理との兼ね合いで多くの数学者が関わった．ガロアはこの問題を群の作用による体の拡大として定式化し，後に**行列式**の項で述べる**対称群** $\mathbb{S}_n$ の構造から解決して代数学を一変させた．

章末問題

　$\mathbb{Z}, \mathbb{Q}$ や，代数的数全体が可算集合であることを示せ.

ねらい　無限集合においては，真の包含関係があっても同じ濃度を持つことが起こり得る．本文中に述べた上述の集合と $\mathbb{N}$ が同じ濃度を持つことを示すため，両者の間の全単射を具体的に構成する．

●コラム1　データサイエンスと不可知の証明

　集合論は理論科学にとどまらず，工学，応用科学，社会科学，情報科学においてなくてはならないものとなっている．プログラミング，データベース構築も，定められた公理系に従っているのは周知のとおりである．カントールは晩年を精神病棟で過ごし，「数学の本質はその自由さにある」という言葉を残しているが，自由である

ことと厳密であることとは等価である．公理系は自由な推論を保証するものであり，プログラム言語や情報セキュリティの基礎など，集合論は情報科学と相性が良い．

ゲーデルの不完全性定理は，矛盾を含まない普遍的な公理系において，その命題を公理系に付け加えても，その命題の否定を公理系に付け加えても矛盾が生じないような命題が存在することを主張するものである．逆にいえば，どのような命題でも真であるか偽であるかを判定できる公理系があるとすると，その公理系自身に矛盾が含まれていることになる．

選択公理など，不可知であることが認識されるのは，無限を扱う場合が多い．データサイエンスは有限の操作であるが，計算量が非常に大きいものは無限として認識される．デジタル革命によって大量のデータが扱われるようになり，無限や不可知がより身近なものになっている．無限や不可知についての数学的な考察が，これまで以上に重要になっているということもできよう．

連続体仮説や選択公理以外で不可知が証明される例に，**平行線の公理**がある．この公理はユークリッドの原論に書かれているもので，例えば平面上の三角形の内角の和が180度になるのはこの公理から導出される．平行線の公理が「証明」できないのは，この公理に反する命題で，それを公理としても無矛盾の体系（幾何学）が曲面上で構築できるものが存在することから，明らかになった．この数学史上の一大事件は社会現象になり，「カラマーゾフの兄弟」などの文芸作品にも取り上げられている．

曲面上の幾何学では，三角形の内角の和が180度であるというユークリッド幾何学の主張は，空間の曲率（**ガウス曲率**）の積分が絡んだ**ガウス・ボンネの公式**に修正される．ガウスは，ガウス曲率が曲面を外から見なくても計算できるものであることを示したが，このことが後に**リーマン幾何学**の成立を促し，**一般相対性理論**の数学的記述に結びつく．

データサイエンスが扱うのは現実世界である．ある命題を証明することが論理的に不可能であるとして，現実世界はどうなっているのであろうか．ガウスは地表に置いた三角形の内角の和を測定して，現実世界で成り立っている幾何学を探索しようとした．ここには「空間の歪み」という相対論的宇宙像の萌芽をみることができるが，一方で測定値の取り扱いについての考察を進める必要から，**正規分布**を発見するに至る．ガウスは数学者であるとともにデータサイエンティストでもあった．

データサイエンスと幾何学の出会いは20世紀になってからもう一度起こる．それが甘利俊一による**情報幾何学**であり，理論から逆に現実世界を見直すことで，データサイエンスに新しい視点を与えたのである．

2 オイラーの公式

実数と複素数を結ぶのがオイラーの公式で，複素数である行列の固有値などもオイラーの公式によって実空間での意味づけが与えられる．また音声の解析で用いられるフーリエ変換でも，オイラーの公式が適用されている．フーリエ変換は，複素数であらわすことによって，複素係数の関数の空間上のユニタリ変換として実現することができるが，この視点が量子力学の確立には大きな役割を果たした．考える対象を実数から複素数に広げることは，データサイエンスにとどまらず，すべての自然科学や科学技術において必須の枠組みであるが，その要となるのがオイラーの公式である．本章の目的はオイラーの公式を，初等関数のテイラー展開によって導出することである．最初に関数の微分について述べ，次にロルの定理によってラグランジュの剰余項を求めて三角関数に適用し，テイラー展開可能であることを導いてオイラーの公式を示す．

2.1 ● 微分

複素数を用いて三角関数と指数関数を結びつけるのがオイラーの公式である．三角関数や指数関数はいずれも初等関数と言われるものであるが，オイラーの公式は関数のテイラー展開によって導出することができる．

一般に関数 $f(x)$ の**微分**（**導関数**）

$$f'(x) = \lim_{h \to 0} \frac{f(x+h) - f(x)}{h} \tag{2.1}$$

はグラフ $y = f(x)$ の接線の傾きを与える関数である．導関数は**微係数**ともいい，**ラグランジュの記法**

$$y', \ f'(x)$$

や**ライプニッツの記法**

$$\frac{\mathrm{d}y}{\mathrm{d}x}, \ \frac{\mathrm{d}}{\mathrm{d}x}f(x), \ \frac{\mathrm{d}f}{\mathrm{d}x}(x)$$

で表す．

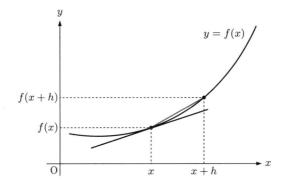

図 2.1 関数の微分

● **多項式の微分** ● 2 項係数

$$\left(\begin{array}{c} n \\ k \end{array} \right) = {}_n\mathrm{C}_k = \frac{n!}{k!(n-k)!}$$

を用いると **2 項展開**の公式

$$(x+h)^n = \sum_{k=0}^{n} \left(\begin{array}{c} n \\ k \end{array} \right) x^{n-k}h^k = x^n + nhx^{n-1} + \cdots + h^n$$

が成り立つので，関数 x^n の導関数は

$$(x^n)' = nx^{n-1} \tag{2.2}$$

で与えられる．

● **積・商の微分** ● 関数 $f(x)$ は

$$\lim_{k \to \infty} x_k = x \implies \lim_{k \to \infty} f(x_k) = f(x)$$

であるとき，x において**連続**であるという．また $f(x)$ は区間 I 上のすべての点 $x \in I$ で連続なとき，I で連続であるという．微分可能な関数は連続である．このことを用いると $f(x)$, $g(x)$ が微分可能であるときは，その積 $f(x)g(x)$ も微分可能で，**ライプニッツ則**

$$\{f(x)g(x)\}' = f'(x)g(x) + f(x)g'(x) \tag{2.3}$$

が成り立つこと，さらに $g(x) \neq 0$ であれば

$$\left\{\frac{f(x)}{g(x)}\right\}' = \frac{f'(x)g(x) - f(x)g'(x)}{\{g(x)\}^2}$$

が成り立つことがわかる．なお合成関数の微分については次章で説明する．

● **オーダー記号** ● 定義から関数 $f(x)$ が x で微分可能であるとき，式 (2.1) より $h \to 0$ において

$$f(x + h) = f(x) + f'(x)h + o(h) \tag{2.4}$$

が成り立つ．ただし h に依存する量 R が $h \to 0$ において $R = o(h)$ とは

$$\lim_{h \to 0} \frac{R(h)}{h} = 0 \tag{2.5}$$

であることを指し，このとき $R(h)$ は $h \to 0$ の**スモールオーダー**であるという．

● **平均値の定理** ● 次の定理を**ロルの定理**という．

定理 2.1 閉区間 $[a, b]$ 上連続で，開区間 (a, b) 上の任意の点で微分可能な関数 $f(x)$ が $f(a) = f(b)$ を満たせば，$f'(c) = 0$ となる $a < c < b$ が存在する．

証明 $f(x)$ は有界閉区間 $[a, b]$ で連続であるので，**ワイヤーシュトラスの定理**により，そこで最大値と最小値をもつ．$f(a) = f(b)$ より，最大値，最小値ともに端点 $x = a, b$ で達成するとすれば，恒等的に $f(x) = f(a) = f(b)$ であり $f'(x) = 0$, $a < x < b$ が成り立つ．そうでない場合は内点 $a < c < b$ で最大，もしくは最小を達成し，$f(x)$ は c で微分可能であるので，$f'(c) = 0$ となる． ■

定理 2.1 において $f(a) = f(b)$ とは限らない場合には，**平均値の定理**が成り立ち

$$\frac{f(b) - f(a)}{b - a} = f'(c) \tag{2.6}$$

となる $c \in (a, b)$ が存在する．証明は $f(x)$ を変形してロルの定理に帰着する．

● **連続微分可能** ● 関数 $f(x)$ が閉区間 $I = [a, b]$ 上で連続，開区間 (a, b) 上のすべての点で微分可能であるとする．平均値の定理から任意の $a < x < b$ に対して

$$f(x) = f(a) + f'(c)(x - a) \tag{2.7}$$

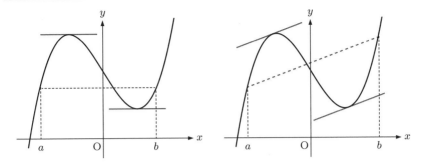

図 2.2 ロルの定理（左）と平均値の定理（右）

となる $a < c < x$ が存在する．$f'(x)$ が $x = a$ で連続であるときはこの式から

$$f(x) = f(a) + f'(a)(x - a) + o(|x - a|), \quad x \to a \tag{2.8}$$

を導出することもできる．

　一般に $f(x)$ が $x = x_0 \in (a, b)$ の近傍で微分可能で，$f'(x)$ が $x = x_0$ で連続のとき，$f(x)$ は $x = x_0$ で**連続微分可能**，定義されている開区間 (a, b) 上のすべての点で連続微分可能のとき，(a, b) 上で連続微分可能という．(2.8) は微分の定義である (2.4) と同等であるが，連続微分可能性は次の高階導関数や，第 8 章で述べる微積分学の基本定理において重要な役割を果たす．

● **高階微分** ●　関数 $f(x)$ が $x = x_0$ の近傍で微分可能であるとき，x_0 における 2 階導関数

$$f''(x_0) = \lim_{h \to 0} \frac{f'(x_0 + h) - f'(x_0)}{h}$$

を定めることができる．このとき $f(x)$ は x_0 で 2 回微分可能であるという．$f(x)$ が x_0 の近傍で 2 階微分可能で，$f''(x)$ が x_0 で連続であるとき，$f(x)$ は x_0 で 2 回連続微分可能であるという．高階の導関数や連続微分可能性も同様に定義され，以後 $f(x)$ の n 階導関数を $f^{(n)}(x)$ で表す．

定理 2.2　$f(x)$ が x_0 の近傍で n 回微分可能な場合には，その近傍の点 x に対して $0 < \theta < 1$ が存在して

$$f(x) = f(x_0) + \frac{f'(x_0)}{1!}(x - x_0) + \frac{f''(x_0)}{2!}(x - x_0)^2 + \cdots$$

$$+ \frac{f^{(n-1)}(x_0)}{(n-1)!}(x - x_0)^{n-1} + R_{n-1} \tag{2.9}$$

が成り立つ. ただし

$$R_{n-1} = \frac{1}{n!}f^{(n)}(x_0 + \theta(x - x_0))(x - x_0)^n \tag{2.10}$$

である.

証明 x, x_0 を固定し, 一般性を失わず $x > x_0$ とする. 定数 A を (2.9) が

$$R_{n-1} = A(x - x_0)^n$$

で成り立つように定め, $x_0 \le t \le x$ の関数 $F(t)$ を

$$F(t) = f(x) - \sum_{k=1}^{n-1} \frac{1}{k!}f^{(k)}(t)(x - t)^k - A(x - t)^n$$

とする.

$F(t)$ は $[x_0, x]$ 上連続, (x_0, x) 上微分可能, $F(x_0) = F(x) = 0$ を満たすので, ロルの定理から

$$F'(x_0 + \theta(x - x_0)) = 0$$

となる $0 < \theta < 1$ が存在する. この式と

$$F'(t) = -\frac{1}{(n-1)!}f^{(n)}(t)(x - t)^{n-1} + nA(x - t)^{n-1}$$

より

$$A = \frac{1}{n!}f^{(n)}(x_0 + \theta(x - x_0))$$

が得られる. ∎

(2.10) を**ラグランジュの剰余項**という. この式において $f(x)$ が x_0 で n 回連続微分可能であるときは

$$R_{n-1} = \frac{1}{n!}f^{(n)}(x_0)(x - x_0)^n + o(|x - x_0|^n), \quad x \to x_0$$

となる. R_{n-1} は

$$R_{n-1} = \int_0^1 \frac{(1-s)^{n-1}}{(n-1)!}\left[(x - x_0)\frac{\mathrm{d}}{\mathrm{d}x}\right]^n f(x_0 + s(x - x_0))\,\mathrm{d}s$$

のように表すこともできる．この式は n 階連続微分可能関数 $F(t)$ に対して成り立つ

$$F(t) = F(0) + \frac{F'(0)}{1!} + \cdots + \frac{1}{(n-1)!} F^{(n-1)}(0) t^{n-1}$$
$$+ \int_0^t \frac{(t-s)^{n-1}}{(n-1)!} F^{(n)}(s) \, ds \tag{2.11}$$

において

$$F(t) = f(tx + (1-t)x_0), \quad t = 1$$

と置けば導出することができる．

2.2 ● テイラー展開

$f(x)$ が $x = x_0$ で何回でも微分可能であるとき，上式の右辺を無限級数に置き換えたものを**テイラー級数**という．

一般に**級数**の収束はその部分和が収束することであり，式で表すと

$$\sum_{n=0}^{\infty} a_n = \lim_{k \to \infty} S_k, \quad S_k = \sum_{n=0}^{k} a_n$$

となる．常に $a_n \geq 0$ の場合は S_k, $k = 0, 1, \ldots$ は単調非減少であり，その収束は S_k の上からの有界性と同等である．また

$$\sum_{n=0}^{\infty} |a_n| < +\infty$$

のとき，$\displaystyle\sum_{n=0}^{\infty} a_n$ は**絶対収束**するという．絶対収束する級数の部分和はコーシー列になるので，必ず収束することがわかる．

べき級数とは

$$f(x) = \sum_{n=0}^{\infty} a_n x^n$$

で表される関数のことで，右辺が絶対収束する $|x|$ の上限 R を**収束半径**，$|x| < R$ を**収束域**という．a_n や x は実数に限定しても，複素数に拡張してもよい．いずれの場合も，**コーシー・アダマールの公式**によって

$$\frac{1}{R} = \limsup_{n \to \infty} |a_n|^{1/n} \tag{2.12}$$

が成り立つことが知られている. (2.12) の右辺は**上極限**といい

$$\lim_{n \to \infty} b_n, \quad b_n = \max_{1 \le k \le n} a_k$$

を表す. b_n は**単調非減少**なので無限大も許せば必ず極限を持つ。

　何回でも微分可能であることを**無限回微分可能**であるという. 収束半径 $R > 0$ のべき級数 $f(x)$ は $|x| < R$ で無限回微分可能で

$$a_n = \frac{f^{(n)}(0)}{n!}, \quad n = 0, 1, 2, \ldots$$

が成り立つ. またそこで微分, 積分と無限和との交換, すなわち**項別微分**, **項別積分**が可能であり, テイラー展開もできる. すなわち $|x_0| < R$ のとき, 無限級数

$$\sum_{n=0}^{\infty} \frac{f^n(x_0)}{n!} (x - x_0)^n$$

は $|x - x_0| < R - |x_0|$ で絶対収束し, そこで $f(x)$ と等しい. このことを $f(x)$ は $|x| < R$ で**解析的**であるという.

　一般に $x = x_0$ で無限回微分可能な関数 $f(x)$ があり, x_0 でのテイラー級数が収束半径 $r > 0$ をもつとき, $f(x)$ は x_0 で解析的であるという. 従って $x = x_0$ において解析的な関数 $f(x)$ は, そこでの導関数 $f^{(n)}(x_0)$, $n = 0, 1, 2, \ldots$ によって $|x - x_0| < r$ での値がすべて決まる. ただし $r > 0$ はそのテイラー展開の収束半径である.

　実関数の場合, 与えられた関数が無限回微分可能であるであるということと, そこで解析的であるということの間には大きなギャップがあるが, 複素変数を変数とする関数の場合, 複素平面上に与えられた開集合で微分可能な関数はそこで解析的になる. 複素変数関数の導関数については次章で改めて論ずる.

　無限回微分可能であることと解析的であることの間のギャップを示すために, ここでは次の**一致の定理**に注意しておく.

定理 2.3 $x = x_0$ で解析的な関数 $f(x)$ に対し, 点列 $x_k \ne x_0$, $k = 1, 2, \ldots$, $x_k \to x_0$, $f(x_k) = 0$ が存在すれば, $f(x)$ はその収束域 $|x| < R$ で恒等的にゼロである.

証明 $x_0 = 0$ とし,

$$f(x) = \sum_{n=1}^{\infty} a_n x^n, \quad |x| < R$$

を $f(x)$ のテイラー展開とする. $f(x)$ は $x = 0$ で連続であるから, $x_k \to x_0 = 0$ より

$$f(0) = \lim_{k \to \infty} f(x_k) = 0$$

従って $a_0 = 0$ で $f(x) = x f_1(x)$, ただし

$$f_1(x) = \sum_{n=0}^{\infty} a_{n+1} x^n$$

が成り立つ. $f(x_k) = 0$, $x_k \neq 0$ より $f_1(x_k) = 0$. よって同様に $a_1 = 0$. 以下繰り返して $a_n = 0$, $n = 0, 1, 2, \ldots$ となり

$$f(x) = 0, \ |x| < R$$

が得られる. ∎

　一致の定理によって, 集積点を持つ点集合上で同じ値を取る二つの解析的な関数は, それらの共通の収束域において恒等的に等しい. 従って解析的関数だけで, 例えばアニメを描くのは不可能である.

　実数を変数とする, 解析的でない無限回微分可能な関数は, **シュワルツの超関数論**で基本的な役割を果たす. そのような関数の例として

$$f(x) = \begin{cases} e^{-\frac{1}{1-x^2}}, & -1 < x < 1 \\ 0, & |x| \geq 1 \end{cases}$$

がある. ただし e は次節で述べるネピア数である. この例では $x = \pm 1$ において任意の回数の導関数がゼロであるにもかかわらず, その近傍で恒等的にゼロとなっているわけではない.

2.3 ● 初等関数

　多項式, 三角関数, 指数関数, 対数関数が初等関数の主なものであるが, 複素変数を用いると三角関数と指数関数が同等のものになる.

●**三角関数** ● 初等幾何学において**三角関数**は，直角三角形を用いて定義される．平面上に座標軸を与えて単位円を書き，原点以外の点から原点への線分を引くと，その点の**偏角** θ を定めることができる．偏角 θ は実数全体に拡張され，三角関数の周期性

$$\cos(\theta + 2\pi) = \cos\theta, \quad \sin(\theta + 2\pi) = \sin\theta$$

が得られる．

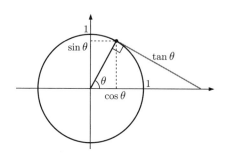

図 2.3 単位円

三角関数の微分については

$$\lim_{h \to 0} \frac{\sin h}{h} = 1$$

が基本的で，三角関数の**加法定理**を使うと

$$(\sin x)' = \cos x, \quad (\cos x)' = -\sin x$$

を導くことができる．特に $\sin x, \cos x$ とも無限回微分可能で，(2.9), (2.10) から，収束半径無限大のテイラー展開

$$\sin x = \sum_{n=0}^{\infty} \frac{(-1)^n}{(2n+1)!} x^{2n+1}, \quad \cos x = \sum_{n=0}^{\infty} \frac{(-1)^n}{(2n)!} x^{2n} \tag{2.13}$$

を正当化することができ，さらに (2.13) の x は複素数に拡張することができる．

●**指数関数** ● $a > 0$, $x \in \mathbb{R}$ に対する**指数関数** a^x は $x = n \in \mathbb{N}$ の場合の累乗

$$a^n = \overbrace{a \cdots a}^{n}$$

を拡張したもので，性質

$$a^{x+y} = a^x a^y, \ (a^x)^y = a^{xy}, \quad x, y \in \mathbb{R}$$

を持つ. a をこの指数関数の**底**という.

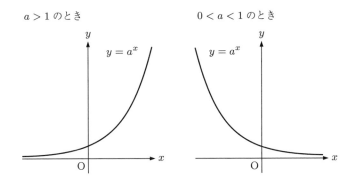

図 2.4 指数関数のグラフ

●**対数関数**● 　$a > 0$ を底とする対数関数 $g(x) = \log_a x$, $x > 0$ は $a > 0$ を底とする**指数関数**の逆関数であり, $c = g(x)$ は $a^c = x$ を満たすただ 1 つの実数である. このことから, 性質

$$\log_a xy = \log_a x + \log_a y,\ \log_a x^b = b \log_a x,\ \log_b x = \frac{\log_a x}{\log_a b}$$

が得られる.

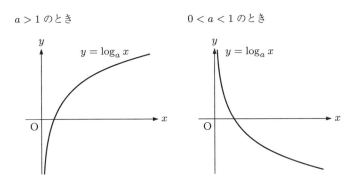

図 2.5 対数関数のグラフ

●**ネピア数**●　ネピア数（自然対数の底）は

$$e = \lim_{n \to \infty} \left(1 + \frac{1}{n}\right)^n = 2.7182818284590\cdots$$

で与えられる．ネピア数は超越数である．e を底とする対数関数 $\log_e x$ を $\log x$ と表す．

$f(x) = e^x$ に対して

$$f'(x) = \lim_{h \to 0} \frac{f(x+h) - f(x)}{h} = \lim_{h \to 0} \frac{e^{x+h} - e^x}{h} = \lim_{h \to 0} e^x \left(\frac{e^h - 1}{h}\right)$$

であり，$e^h - 1 = \dfrac{1}{s}$ とおくと

$$e^h = \frac{1}{s} + 1, \quad h = \log\left(\frac{1}{s} + 1\right)$$

となって

$$\lim_{h \to 0} \frac{e^h - 1}{h} = \lim_{s \to \infty} \frac{1}{s \log(1 + \frac{1}{s})} = \lim_{s \to \infty} \frac{1}{\log(1 + \frac{1}{s})^s} = \frac{1}{\log e} = 1$$

が得られる．

従って $(e^x)' = e^x$ であり，指数関数 e^x も収束半径無限大でテイラー展開

$$e^x = \sum_{n=0}^{\infty} \frac{x^n}{n!} \tag{2.14}$$

することができる．

$(2.13), (2.14)$ において $x = \imath\theta, \theta \in \mathbb{R}$ とすると，**オイラーの公式**

$$e^{\imath\theta} = \cos\theta + \imath\sin\theta, \quad \theta \in \mathbb{R} \tag{2.15}$$

が得られる．ただし $\imath = \sqrt{-1}$ は虚数単位である．

●**双曲線関数**●　双曲線関数は指数関数を用いて

$$\cosh x = \frac{e^x + e^{-x}}{2}, \ \sinh x = \frac{e^x - e^{-x}}{2}, \ \tanh x = \frac{e^x - e^{-x}}{e^x + e^{-x}}$$

で定められ，多変量解析や深層学習で使われている．基本的な関係は

$$(\cosh x)' = \sinh x, \ (\sinh x)' = \cosh x$$

で，$\cosh x$, $\sinh x$ は 2 回微分すると元に戻る．また $\tanh x$ は次の関係を満たす．

$$(\tanh x)' = 1 - (\tanh x)^2$$

これらの公式は指数関数の微分から得られる．

● **シグモイド関数** ●　指数関数 e^x の応用の 1 つに**シグモイド関数**

$$f(x) = \frac{1}{1 + e^{-x}}$$

がある．性質

$$\frac{\mathrm{d}f}{\mathrm{d}x} = f(1 - f)$$

により，$f' = \dfrac{\mathrm{d}f}{\mathrm{d}x}$ を f で表すことができるので，高階を含む導関数の計算が簡略になる．このことから，データサイエンスでは**ロジスティック回帰分析**や
ニューラルネットワークの**活性化関数**で使われている [7].

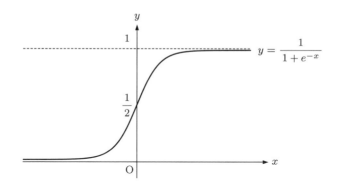

図 2.6　シグモイド関数のグラフ

● **自然対数** ●　$\log_e x$ を**自然対数**といい，通常は底を省略して $\log x$ と表す．このとき

$$(\log x)' = \frac{1}{x}, \quad x > 0$$

が成り立つ．

章末問題

三角関数を用いて $x^2 = \imath$, $\imath = \sqrt{-1}$ を満たす 2 つの複素数と，$x^5 = -1$ を満たす 5 つの複素数を表せ.

ねらい　オイラーの公式を用いて解を与えることで，これらの方程式が複素数の範囲で解をもつことを示す. 代数学の基本定理が成り立つことを具体例によって検証し，数の体系の中で複素数が果たす役割を会得することをねらいとしている.

●コラム 2　リーマン面

初等関数が多項式と指数関数に帰着されることを述べたが，指数関数の逆関数である対数関数を用いれば，単項式は

$$x^n = e^{n \log x}$$

と表すことができる. この式は $x > 0$ でのみ成り立つ式であるが，対数関数を複素変数まで拡張すれば，多項式も指数関数（とその逆関数）で表すことができる. 実際，オイラーの公式から $z \in \mathbb{C} \setminus \{0\}$ の対数関数は $\mathrm{Arg}\, z$ をその偏角として

$$\log z = \log |z| + \imath \mathrm{Arg}\, z$$

で表される多価関数である. 多価性を解消するために，複素平面 (x, y) を実軸の非負の部分 $x \geq 0$ に切れ目を入れたものを無限個用意して，切れ目を張り合わせたものを考えて，例えば $\mathbb{C}^*$ とおく. $\log z$ は $\mathbb{C}^*$ から $\mathbb{C}$ への 1 価写像とみなすことができる. この $\mathbb{C}^*$ のようなものを**リーマン面**という. 次章で述べるように，複素変数関数として微分できる関数が**正則関数**で，正則関数の性質を論ずるのが**複素関数論**である. 複素関数論は，実偏導関数に関する**コーシー・リーマンの公式**と，関数の値をその周りの線積分で表す**コーシー**の**積分公式**がその基盤となる. 正則関数は局所的な概念であるが，一致の定理に基づいて接続してくことで，リーマン面上の 1 価解析関数として再定義することができる.

3 多変数関数の微分

教師あり機械学習では，入力に対する正解と出力を参照してその機械の内部構造を変化させる．通常この変化は微小であり，微小な変動を積み重ねて精度を改善していく．微分は微小な変動に関する変化率を計算する操作であるが，状態量を定めるパラメータが多数ある場合には多変数関数として微分しなければならない．本章で扱うのは複数の変数を持つ実関数の微分である．最初に複素数に関する微分と実2変数に関する微分との相違を確認する．次いで，偏微分と全微分の関係，合成関数の微分，機械学習の実装に必要な勾配の概念を述べ，最後に偏微分の順序交換が成り立つことを，曲面の2次曲面による近似と関連付けて説明する．

3.1 ● 偏微分と全微分

実関数 $f = f(x) : \mathbb{R} \to \mathbb{R}$ の $x = x_0$ における微分は

$$f'(x_0) = \lim_{x \to x_0} \frac{f(x) - f(x_0)}{x - x_0} \tag{3.1}$$

で表すことができる．一方，複素関数 $f = f(z) : \mathbb{C} \to \mathbb{C}$ の $z = z_0$ における微分は

$$f'(z_0) = \lim_{z \to z_0} \frac{f(z) - f(z_0)}{z - z_0} \tag{3.2}$$

によって定めることができる．実関数の場合と異なり，複素平面の開集合上で微分可能な複素関数はそこで解析的になる．

● **偏微分** ● 2変数の実関数 $f = f(x, y) : \mathbb{R}^2 \to \mathbb{R}$ の $(x, y) = (x_0, y_0)$ における微分を，(x, y) が複素平面上の点ではなく，実2次元平面のベクトルであるとして定めること考える．この場合，スカラーやベクトルをベクトルで割ることはできないので，ベクトルの差，$(x - x_0, y - y_0)$ は，(3.1) や (3.2) のように差分商の分母にもってくることはできない．

多変数関数に対して，変数を1つ決め，それ以外の変数は定数として微分したものが**偏微分**である．2変数関数 $f(x, y)$ の場合，y を固定して変数 x によっ

て微分した

$$\frac{\partial f}{\partial x}(x_0, y_0) = \lim_{x \to x_0} \frac{f(x, y_0) - f(x_0, y_0)}{x - x_0}$$

が x に関する偏微分で,

$$\frac{\partial}{\partial x} f(x_0, y_0), \quad f_x(x_0, y_0)$$

などと書く. y に関する偏微分は

$$\frac{\partial f}{\partial y}(x_0, y_0) = \lim_{y \to y_0} \frac{f(x_0, y) - f(x_0, y_0)}{y - y_0}$$

で与えられる. これらの極限が存在するとき,それぞれ $f(x, y)$ は $(x, y) = (x_0, y_0)$ において,x, y について**偏微分可能**であるという. しかし偏微分は個別に 1 変数関数の導関数を求めたもので,2 変数関数として微分しているわけではない. 2 変数関数としての微分を実現する操作が**全微分**である.

●**全微分**●　2 変数関数としての微分である全微分を導入するために,1 変数関数の微分 (3.1) をオーダー記号を用いて記述する. この式は (2.5) を用いて次のように書き直すことができる:

$$f(x) = f(x_0) + f'(x_0)(x - x_0) + o(|x - x_0|), \quad x \to x_0 \qquad (3.3)$$

この (3.3) において右辺の第 2 項までは,$f(x)$ を $x = x_0$ の近くで 1 次式

$$f(x_0) + a(x - x_0), \quad a = f'(x_0)$$

で近似したものである. そこで 2 変数関数 $f(x, y)$ が (x_0, y_0) で**全微分可能**であるということを,オーダー記号を用いて $(x, y) \to (x_0, y_0)$ において

$$f(x, y) = f(x_0, y_0) + a(x - x_0) + b(y - y_0)$$

$$+ o(\sqrt{(x - x_0)^2 + (y - y_0)^2}) \qquad (3.4)$$

となる $a, b \in \mathbb{R}$ が存在することとして定義する. ここで $(x, y) \to (x_0, y_0)$ であるとは 2 点 (x, y) と (x_0, y_0) の距離

$$\sqrt{(x - x_0)^2 + (y - y_0)^2}$$

がゼロに収束することであり,このような近づき方は,1 変数の場合に比べると格段の多様性がある.

特に，常に $y = y_0$ としたり，$x = x_0$ として (x, y) を (x_0, y_0) に近づければ，(x_0, y_0) で全微分可能な 2 変数関数 $f(x, y)$ は x についても y についても偏微分可能であり，(3.4) において

$$a = f_x(x_0, y_0), \quad b = f_y(x_0, y_0) \tag{3.5}$$

が成り立つことがわかる．

　この命題の逆は成り立たず，偏微分可能性から全微分可能性を導出することはできない．しかし，$f(x, y)$ が (x_0, y_0) の近傍のすべての点で偏微分可能であり，偏導関数 $f_x(x, y)$, $f_y(x, y)$ が (x_0, y_0) で連続であれば，その点で全微分可能になる．このような状況のとき，$f(x, y)$ は (x_0, y_0) で**連続微分可能**であるという．

3.2 ● 合成関数の微分

　1 変数関数 $y = f(x)$ において，独立変数 x が別の変数 s の関数である場合は $x = x(s)$ となり，**合成**することによって y は $f(x(s))$ のように s の関数とみなすことができる．$x(s)$ が s_0 で微分可能な場合には

$$x(s) = x(s_0) + x'(s_0)(s - s_0) + o(|s - s_0|), \quad s \to s_0 \tag{3.6}$$

であり．特に定数 $C > 0$ が存在して $|s - s_0| \ll 1$ において

$$|x(s) - x(s_0)| \le C|s - s_0| \tag{3.7}$$

が成り立つ．(3.7) が成り立つとき，$|x(s) - x(s_0)|$ は $|s - s_0|$ の**ラージオーダー**であるといい

$$|x(s) - x(s_0)| = O(|s - s_0|), \quad s \to s_0$$

と表す．

　さて $f(x)$ が $x_0 = x(s_0)$ で微分可能な場合には

$$f(x) = f(x_0) + f'(x_0)(x - x_0) + o(|x - x_0|), \quad x \to x_0$$

であり，$y = f(x(s))$ に対しては

$$y(s) = f(x(s_0)) + f'(x(s_0))(x(s) - x(s_0)) + o(|x(s) - x(s_0)|)$$

が成り立つ．微分可能であれば連続でもあるので

$$s \to s_0 \implies x(s) \to x(s_0)$$

であり，また (3.7) より

$$o(|x(s) - x(s_0)|) = o(|s - s_0|)$$

となるので，(3.6) によって

$$y(s) = y(s_0) + f'(x(s_0))x'(s_0)(s - s_0) + o(|s - s_0|) \tag{3.8}$$

が成り立つ.

　良く知られた 1 変数合成関数の微分の公式

$$\frac{\mathrm{d}f}{\mathrm{d}s} = f'(x(s))x'(s)$$

は，この (3.8) から得られるが，同じ理由によって次の定理が成り立つことが
わかる.

定理 3.1　2 変数関数 $f(x, y)$ において独立変数が s の関数でもあるとする：

$$x = x(s), \ y = y(s).$$

また，これらの関数は s_0 で微分可能であり，さらに $x_0 = x(s_0)$, $y_0 = y(s_0)$
に対して $f(x, y)$ は (x_0, y_0) で全微分可能であるとする．このとき合成関数
$z(s) = f(x(s), y(s))$ は s_0 で微分可能で

$$\frac{\mathrm{d}f}{\mathrm{d}s} = f_x(x_0, y_0)x'(s_0) + f_y(x_0, y_0)y'(s_0) \tag{3.9}$$

が成り立つ.

　合成関数の微分の公式 (3.9) は

$$\frac{\mathrm{d}f}{\mathrm{d}s} = f_x \frac{\mathrm{d}x}{\mathrm{d}s} + f_y \frac{\mathrm{d}y}{\mathrm{d}s} \tag{3.10}$$

と略記する. n 変数関数 $f = f(x_1, x_2, \ldots, x_n)$ についても全微分が定義でき，
各独立変数が $x_i = x_i(s)$, $1 \leq i \leq n$ のように s の微分可能な関数である場合
には同様に

$$\frac{\mathrm{d}f}{\mathrm{d}s} = \frac{\partial f}{\partial x_1} \frac{\mathrm{d}x_1}{\mathrm{d}s} + \frac{\partial f}{\partial x_2} \frac{\mathrm{d}x_2}{\mathrm{d}s} + \cdots + \frac{\partial f}{\partial x_n} \frac{\mathrm{d}x_n}{\mathrm{d}s}$$

が成り立つ.

3.3 ● 勾配

　機械学習は，入力と出力を参照してその機械の内部構造の微小な変化を与え，
その変動を積み重ねて予測精度を上げていく操作である．そのためには，微小

な変動をどのように与えれば正解と出力との誤差が最も効率よく減少するかを
知る必要がある.

　微小な変動を積み重ねて精度を改善していく原理を, 昆虫が樹液にたどり着
くメカニズムを用いて説明するため, $f = f(x_1, x_2, x_3)$ を 3 次元空間 $\mathbb{R}^3$ の点
$\boldsymbol{x} = (x_1, x_2, x_3)$ における, 樹液から拡散する化学物質の濃度とする.

　位置 $\boldsymbol{x}$ をベクトル

$$\boldsymbol{x} = \begin{pmatrix} x_1 \\ x_2 \\ x_3 \end{pmatrix} \in \mathbb{R}^3$$

と同一視し,

$$\boldsymbol{e} = \begin{pmatrix} e_1 \\ e_2 \\ e_3 \end{pmatrix} \in \mathbb{R}^3$$

を**単位ベクトル**, すなわち長さ

$$|\boldsymbol{e}| = \sqrt{e_1{}^2 + e_2{}^2 + e_3{}^2}$$

が 1 であるベクトルとする: $|\boldsymbol{e}| = 1$.

　昆虫が仮想的に $\boldsymbol{e}$ 方向に距離 s だけ移動すると, その位置は $\boldsymbol{x} + s\boldsymbol{e}$ であり,
そこでの物質濃度は $f(\boldsymbol{x} + s\boldsymbol{e})$ である. 従ってこの場合の物質濃度の変化率は

$$\lim_{s \to 0} \frac{f(\boldsymbol{x} + s\boldsymbol{e}) - f(\boldsymbol{x})}{s} = \frac{\mathrm{d}}{\mathrm{d}s} f(\boldsymbol{x} + s\boldsymbol{e}) \Big|_{s=0}$$

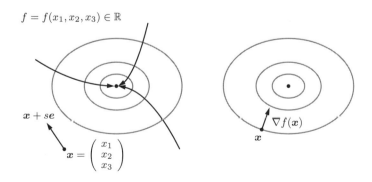

図 3.1 勾配

である.昆虫はこの変化率の最も大きい $\boldsymbol{e}$, $|\boldsymbol{e}| = 1$ を選び,そのときの変化率に応じた力を受けてその方向に進む.

合成関数の微分の公式から

$$\frac{\mathrm{d}}{\mathrm{d}s} f(\boldsymbol{x} + s\boldsymbol{e}) = \frac{\mathrm{d}}{\mathrm{d}s} f(x_1 + se_1, x_2 + se_2, x_3 + se_3)$$

$$= \frac{\partial}{\partial x_1} f(\boldsymbol{x} + s\boldsymbol{e})e_1 + \frac{\partial}{\partial x_2} f(\boldsymbol{x} + s\boldsymbol{e})e_2 + \frac{\partial}{\partial x_3} f(\boldsymbol{x} + s\boldsymbol{e})e_3$$

となるので,この変化率は

$$\frac{\mathrm{d}}{\mathrm{d}s} f(\boldsymbol{x} + s\boldsymbol{e})\Big|_{t=0} = \frac{\partial f}{\partial x_1}(x)e_1 + \frac{\partial f}{\partial x_2}(x)e_2 + \frac{\partial f}{\partial x_3}(x)e_3$$

$$= \nabla f(x) \cdot \boldsymbol{e} \tag{3.11}$$

に等しい.ただし (3.11) において $\cdot$ は $\mathbb{R}^3$ の内積:

$$\boldsymbol{a} \cdot \boldsymbol{b} = a_1 b_1 + a_2 b_2 + a_3 b_3, \quad \boldsymbol{a} = \begin{pmatrix} a_1 \\ a_2 \\ a_3 \end{pmatrix}, \boldsymbol{b} = \begin{pmatrix} b_1 \\ b_2 \\ b_3 \end{pmatrix}$$

で

$$\nabla f = \begin{pmatrix} \partial f/\partial x_1 \\ \partial f/\partial x_2 \\ \partial f/\partial x_3 \end{pmatrix}$$

は3次元のベクトルである.この ∇f を f の**勾配**という.勾配は $\boldsymbol{x}$ のベクトル値関数で,**ベクトル場**と呼ばれるもののひとつである.これに対して物質濃度 $f(\boldsymbol{x})$ は $\boldsymbol{x}$ のスカラー関数で,**スカラー場**であるという.また**勾配作用素**を

$$\nabla = \begin{pmatrix} \partial/\partial x_1 \\ \partial/\partial x_2 \\ \partial/\partial x_3 \end{pmatrix}$$

で定め,**ナブラ**と読む.

さて $\nabla f(\boldsymbol{x}) \neq \boldsymbol{0}$ のとき,(3.11) の右辺を最大にする $\boldsymbol{e} \in \mathbb{R}^3$, $|\boldsymbol{e}| = 1$ は

$$\boldsymbol{e} = \frac{\nabla f(\boldsymbol{x})}{|\nabla f(\boldsymbol{x})|}$$

であり，そのときのこの値は

$$e \cdot \nabla f(\boldsymbol{x}) = \frac{\nabla f(\boldsymbol{x}) \cdot \nabla f(\boldsymbol{x})}{|\nabla f(\boldsymbol{x})|} = |\nabla f(\boldsymbol{x})| \tag{3.12}$$

に等しい．位置 $\boldsymbol{x}$ における**最大濃度勾配**は，方向も含めてベクトルで表せば

$$e|\nabla f(\boldsymbol{x})| = \nabla f(\boldsymbol{x})$$

に他ならない．これが $\nabla f(\boldsymbol{x})$ を $f(\boldsymbol{x})$ の勾配と呼ぶ理由である．

　勾配や勾配作用素は任意の n 変数関数について定めることができる．例えば 2 変数関数 $f(x_1, x_2)$ についてはその勾配や勾配作用素は

$$\nabla f = \begin{pmatrix} f_{x_1} \\ f_{x_2} \end{pmatrix}, \ \nabla = \begin{pmatrix} \partial_{x_1} \\ \partial_{x_2} \end{pmatrix}, \quad \partial_{x_1} = \frac{\partial}{\partial x_1}, \ \partial_{x_2} = \frac{\partial}{\partial x_2}$$

となる．このとき 1 変数関数に対する (3.3) に対応して，

$$f(\boldsymbol{x}) = f(\boldsymbol{x}_0) + \nabla f(\boldsymbol{x}_0) \cdot (\boldsymbol{x} - \boldsymbol{x}_0) + o(|\boldsymbol{x} - \boldsymbol{x}_0|), \quad \boldsymbol{x} \to \boldsymbol{x}_0 \tag{3.13}$$

が成り立つ．

　一般に $\nabla f(\boldsymbol{x}_0) = 0$ となる $\boldsymbol{x}_0$ を $f(\boldsymbol{x})$ の**臨界点**（または**停留点**）と呼ぶ．f の局所最大や局所最小を達成する極大点や極小点は，それらが $f(\boldsymbol{x})$ の定義域の内点にあるとき，臨界点になる．機械学習の手法の一つである**教師あり学習**では，先に教師データを与え，AI への入力と出力を繰り返して教師データに近づくように AI の内部構造を局所的に変更していく．この操作は，損失関数 $f(\boldsymbol{x})$ を極小にするようにパラメータ $\boldsymbol{x}$ を変更させることであり，勾配を計算して反復を繰り返すことで，$\boldsymbol{x}$ を最も望ましいパラメータの状態である $\boldsymbol{x}_0$ に近づける．

　しかし式 (3.12) によって $\boldsymbol{x}$ が臨界点 $\boldsymbol{x}_0$ に近くなればなるほど $|\nabla f(\boldsymbol{x})|$ が小さくなり，精度の改善が阻害されることになる．ニューラルネットワークでは層が深くなるとこのことが起こりやすくなり，**勾配消失**として第 2 次 AI ブームが鎮静化する 1 つの要因となったことが [7] で述べられている．

3.4 ● 高階偏導関数

　2 変数関数 $f(x, y)$ の高階の導関数，高階の連続微分可能性も 1 変数のときと同様に定めることができる．一般に高階の導関数は偏微分の順番によらず同じ値になり，このことを**シュワルツの定理**という．ここでは次の形で示す．

定理 3.2　点 (x_0, y_0) の近傍で $f_x(x, y), f_y(x, y)$, および

$$f_{xy}(x, y) = \lim_{h \to 0} \frac{f_x(x, y+h) - f_x(x, y)}{h}$$

$$f_{yx}(x, y) = \lim_{h \to 0} \frac{f_y(x+h, y) - f_y(x, y)}{h}$$

が存在し, これらの f_{xy}, f_{yx} が (x_0, y_0) で連続ならば

$$f_{xy}(x_0, y_0) = f_{yx}(x_0, y_0) \tag{3.14}$$

が成り立つ.

証明　十分小さい $|h| \ll 1$ をとり, 値

$$\Delta = f(x_0 + h, y_0 + h) - f(x_0, y_0 + h) - f(x_0 + h, y_0) + f(x_0, y_0)$$

を二通りに計算する.

まず $F(t) = f(t, y_0 + h) - f(t, y_0)$ について平均値の定理を適用すると

$$\Delta = F(x_0 + h) - F(x_0) = F'(x_0 + \theta_1 h)h, \quad 0 < \theta_1 < 1$$

これより

$$\Delta = (f_x(x_0 + \theta_1 h, y_0 + h) - f_x(x_0 + \theta_1 h, y_0))h$$

$$= f_{xy}(x_0 + \theta_1 h, y_0 + \theta_2 h)h^2, \quad 0 < \theta_2 < 1 \tag{3.15}$$

次に $G(t) = f(x_0 + h, t) - f(x_0, t)$ について同様の計算をすると

$$\Delta = f_{yx}(x_0 + \theta_1' h, y_0 + \theta_2' h)h^2, \quad 0 < \theta_1', \theta_2' < 1 \tag{3.16}$$

等式 (3.15)-(3.16) より

$$f_{xy}(x_0 + \theta_1 h, y_0 + \theta_2 h) = f_{yx}(x_0 + \theta_1' h, y_0 + \theta_2' h)$$

f_{xy}, f_{yx} は (x_0, y_0) で連続であるので, $h \to 0$ として (3.14) を得る.　∎

2 階の導関数については

$$f_{xx} = \frac{\partial^2 f}{\partial x^2}, \ f_{xy} = \frac{\partial^2 f}{\partial y \partial x}, \ f_{yx} = \frac{\partial^2 f}{\partial x \partial y}, \ f_{yy} = \frac{\partial^2 f}{\partial y^2}$$

とも書く. 3 階以上の高階導関数についても同様である.

●**曲面の 2 次近似**●　一般に 2 変数関数 $z = f(x, y)$ のグラフ $\mathcal{M}$ は x, y, z を座標軸とする 3 次元空間の中で曲面を作っている. 全微分の式 (3.4)-(3.5) は,

曲面 $\mathcal{M}$ が点

$$(x_0, y_0, f(x_0, y_0)) \in \mathcal{M}$$

の近傍で平面

$$\pi : \ z = f(x_0, y_0) + f_x(x_0, y_0)(x - x_0) + f_y(x_0, y_0)(y - y_0) \qquad (3.17)$$

で近似されていることを示している. この π を $\mathcal{M}$ の $(x_0, y_0, f(x_0, y_0))$ における**接平面**という.

そこで $f(x, y)$ が (x_0, y_0) において **2 階全微分可能**であるということを, 点 $(x_0, y_0, f(x_0, y_0))$ の近傍で $\mathcal{M}$ が定数 $a, b, c, d, e \in \mathbb{R}$ を用いた **2 次曲面**

$$z = f(x_0, y_0) + a(x - x_0) + b(y - y_0)$$
$$+ \frac{c}{2}(x - x_0)^2 + d(x - x_0)(y - y_0) + \frac{e}{2}(y - y_0)^2$$

で近似できるということで定義する. 近似はより精密になるので $f(x, y)$ とこの式との差は $(x, y) \to (x_0, y_0)$ において距離の二乗のスモールオーダーであり, 実際には

$$f(x, y) = f(x_0, y_0) + a(x - x_0) + b(y - y_0)$$
$$+ \frac{c}{2}(x - x_0)^2 + d(x - x_0)(y - y_0) + \frac{e}{2}(y - y_0)^2$$
$$+ o(|x - x_0|^2 + |y - y_0|^2) \qquad (3.18)$$

が成り立つことになる.

$f(x, y)$ が (x_0, y_0) の近傍で 2 階連続微分可能であるときは, (x_0, y_0) において 2 階全微分可能であり

$$a = f_x(x_0, y_0), \ b = f_y(x_0, y_0), \ c = f_{xx}(x_0, y_0)$$
$$d = f_{xy}(x_0, y_0) = f_{yx}(x_0, y_0), \ e = f_{yy}(x_0, y_0)$$

が成り立つ. このことを示すためには

$$F(t) = f(tx + (1-t)x_0, ty + (1-t)y_0), \quad 0 \le t \le 1$$

と置いて, (2.11) を $n = 2$ に対して適用する.

実際, 合成関数の微分 (定理 3.1) と 2 階微分についてのシュワルツの定理 (定理 3.2) に注意すると

$$F'(t) = f_x(tx + (1-t)x_0, ty + (1-t)y_0)(x - x_0)$$
$$+ f_y(tx + (1-t)x_0, ty + (1-t)y_0)$$

および

$$F''(t) = f_{xx}(tx + (1-t)x_0, ty + (1-t)y_0)(x - x_0)^2$$

$$+ 2f_{xy}(tx + (1-t)x_0, ty + (1-t)y_0)(x - x_0)(y - y_0)$$

$$+ f_{yy}(tx + (1-t)x_0, ty + (1-t)y_0) \tag{3.19}$$

が得られる. (3.19) において $t = 1$ とおき, 主要部

$$f_{xx}(x_0, y_0)(x - x_0)^2 + 2f_{xy}(x - x_0)(y - y_0) + f_{yy}(y - y_0)^2$$

を取り出して剰余項を評価すれば (3.18) が得られる.

章末問題

$a_1, a_2, b_1, b_2, a, b, c$ を定数とし

$$y_1 = f(a_1 x_1 + b_1), \ y_2 = f(a_2 x_2 + b_2), \ z = f(ay_1 + by_2 + c) \tag{3.20}$$

によって写像

$$g = g(x_1, x_2) : \mathbb{R}^2 \to \mathbb{R}, \quad g(x_1, x_2) = z$$

を定める. ただし $f(t) = t^2$ とする. a_1, a_2, b_1, b_2, c と 3 つのデータ

$$(x_1^i, x_2^i, z^i) \in \mathbb{R}^3, \ i = 1, 2, 3$$

が与えられたとき, 損失関数

$$E = \sum_{i=1}^{3} |z_i - g(x_1^i, x_2^i)|^2$$

を最小にする a, b を求める式を与えよ.

ねらい (3.20) は, x_1, x_2 を入力層, y_1, y_2 を中間層, z を出力層とするニューラルネットワークを表している. この問題では, 第 1 層から第 2 層への出力パラメータと, 第 2 層から第 3 層への出力パラメータの一部が学習されている場合を考えている. このとき, 訓練データと最も合うように残りの出力パラメータを計算する式を与えることがこの問題のねらいである. 求める式は, E の臨界値が達成されるように, E を a, b について偏微分してゼロと置くことで得られる. ここでは計算を簡略化するために, 活性化関数を $f(t) = t^2$ としたが, 実際のニューラルネットでは, シグモイド関数等が用いられている.

● コラム 3　微分形式

(3.10) を

$$\mathrm{d}f = f_x\,\mathrm{d}x + f_y\,\mathrm{d}y \tag{3.21}$$

と書いて 1 次の**微分形式** (one-form) という．一般に $\boldsymbol{x} = (x_1, \ldots, x_n)$ の k 次微分形式（k-form）は $\mathrm{d}x_1, \ldots, \mathrm{d}x_n$ の k 個の**ウェッジ積**

$$\mathrm{d}x_{i_1} \wedge \cdots \wedge \mathrm{d}x_{i_k}$$

に関数をかけて加え合わせたものをいう．例えば $n = 2$ の場合の 2 次微分形式 $\mathrm{d}x \wedge \mathrm{d}y$ は平面 $\mathbb{R}^2$ の「体積要素」$\mathrm{d}x\,\mathrm{d}y$ に座標系の順番によって符号を付けたものである．ウェッジ積は**外積**ともいい，各成分について線形で，交換したときに符号が変わるように設定された演算である．微分形式には**外微分**と**ホッジ作用素**という演算が入り，(3.21) は 2 変数関数 $f(x, y)$ の外微分を与える式となる．

n 個の関係式

$$x_j = x_j(u_1, \ldots, u_n),\ 1 \le j \le n \tag{3.22}$$

が与えられたとき，これらの全微分を 1 次微分形式で書けば

$$\mathrm{d}x_j = \sum_{i=1}^{n} \frac{\partial x_j}{\partial u_i}\,\mathrm{d}u_i \tag{3.23}$$

となる．この式は $u = (u_1, \ldots, u_n)$ の微小変動が誘導する $x_i,\ 1 \le i \le n$ の微小変動を無限小で記述したものである．(3.23) を用いてウェッジ積を取ると

$$\mathrm{d}x_1 \wedge \cdots \wedge \mathrm{d}x_n = \frac{\partial(x_1, \ldots, x_n)}{\partial(u_1, \ldots, u_n)}\,\mathrm{d}u_1 \wedge \cdots \wedge \mathrm{d}u_n$$

を導出することができる．ここで

$$\frac{\partial(x_1, \ldots, x_n)}{\partial(u_1, \ldots, u_n)} = \det A, \quad A = \left(\frac{\partial x_i}{\partial u_j}\right)_{1 \le i, j \le n}$$

は変換 (3.22) のヤコビアンで，

$$\mathrm{d}x_1 \cdots \mathrm{d}x_n = |\mathrm{d}x_1 \wedge \cdots \wedge \mathrm{d}x_n|$$

$$\mathrm{d}u_1 \cdots \mathrm{d}u_n = |\mathrm{d}u_1 \wedge \cdots \wedge \mathrm{d}u_n|$$

より

$$\mathrm{d}x_1 \cdots \mathrm{d}x_n = \left|\frac{\partial(x_1, \ldots, x_n)}{\partial(u_1, \ldots, u_n)}\right|\,\mathrm{d}u_1 \cdots \mathrm{d}u_n \tag{3.24}$$

が得られる．(3.24) は，第 8 章で述べる微分同相写像に対する重積分の変換公式を表している．

多変数関数の全微分から派生した**微分形式**は，E. カルタンに由来する現代数学の基本的な概念で，微分幾何学や大域解析学などでは必須の言語である．また物理化学では熱力学，データサイエンスでは情報幾何学などで用いられている．

4 行列とベクトル空間

・・・・・・・・・・・・・・・・・・・・・・・・・・・・・・・

多変量データはベクトルの集合である．ベクトルは全体としてひとつのベクトル空間をなす．行列はベクトル空間からベクトル空間への線形写像を表示するもので，データサイエンスに限らず，科学技術において広く用いられている基本的な言葉になっている．本章は行列と線形写像の関係を述べる．

4.1 ● 2次元の線形写像

実数を成分とする (m, n) 行列の全体を $M_{m,n}(\mathbb{R})$ と書く．

$$A = \begin{pmatrix} a & b \\ c & d \end{pmatrix} \in M_{2,2}(\mathbb{R}), \quad \boldsymbol{z} = \begin{pmatrix} x \\ y \end{pmatrix} \in \mathbb{R}^2 \tag{4.1}$$

に対して

$$A\boldsymbol{z} = \begin{pmatrix} ax + by \\ cx + dy \end{pmatrix} \in \mathbb{R}^2 \tag{4.2}$$

とおき，写像 $T : \mathbb{R}^2 \to \mathbb{R}^2$ を

$$T(\boldsymbol{z}) = A\boldsymbol{z} \tag{4.3}$$

で定める．このとき T は $\mathbb{R}^2$ の線形演算を保存する**線形写像**になり，

$$T(\boldsymbol{z}_1 + \boldsymbol{z}_2) = T(\boldsymbol{z}_1) + T(\boldsymbol{z}_2), \ \forall \boldsymbol{z}_1, \boldsymbol{z}_2 \in \mathbb{R}^2$$

$$T(c\boldsymbol{z}) = cT(\boldsymbol{z}), \ \forall c \in \mathbb{R}, \ \forall \boldsymbol{z} \in \mathbb{R}^2 \tag{4.4}$$

が成り立つ．

逆に $\mathbb{R}^2$ の**標準基底**

$$\boldsymbol{e}_1 = \begin{pmatrix} 1 \\ 0 \end{pmatrix}, \quad \boldsymbol{e}_2 = \begin{pmatrix} 0 \\ 1 \end{pmatrix}$$

をとれば，**成分表示**されたベクトル

$$z = \begin{pmatrix} x \\ y \end{pmatrix}$$

は

$$z = xe_1 + ye_2$$

のように表すことができる．このとき

$$Te_1 = ae_1 + ce_2, \quad Te_2 = be_1 + de_2$$

と (4.1) 第 1 式によって行列 A を定めれば，規則 (4.2) によって T は (4.3) で表現される．

条件 (4.4) を満たす

$$T : \mathbb{R}^2 \to \mathbb{R}^2$$

を**線形変換**ともいう．

●**線形写像の例**● 2次元ベクトル

$$z = \begin{pmatrix} x \\ y \end{pmatrix}$$

を平面上の点 $\mathrm{P}(x, y)$ と同一視する．$\mathrm{P}(x, y)$ と原点について点対称な位置にある点 $\mathrm{Q}(x', y')$ は

$$\begin{pmatrix} x' \\ y' \end{pmatrix} = \begin{pmatrix} -x \\ -y \end{pmatrix} = A \begin{pmatrix} x \\ y \end{pmatrix}, \quad A = \begin{pmatrix} -1 & 0 \\ 0 & -1 \end{pmatrix}$$

で与えることができる．

点 $\mathrm{P}(x, y)$ を直線 $y = 2x$ に関する対称移動させた点を $\mathrm{Q}(x', y')$ とすると，$\mathrm{P}(x, y)$ と $\mathrm{Q}(x', y')$ を結ぶ線分は $y = 2x$ に直交し，かつその中点が $y = 2x$ 上にある，という条件から

$$\frac{y' - y}{x' - x} = -\frac{1}{2}, \quad \frac{y' + y}{2} = 2 \cdot \frac{x' + x}{2}$$

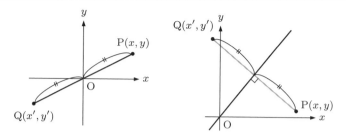

図 4.1　原点に関する点対称（左）と直線 $y = 2x$ に関する対称移動（右）

となり，これより

$$\begin{pmatrix} x' \\ y' \end{pmatrix} = \begin{pmatrix} \dfrac{-3x + 4y}{5} \\ \dfrac{4x + 3y}{5} \end{pmatrix} = \begin{pmatrix} -\dfrac{3}{5} & \dfrac{4}{5} \\ \dfrac{4}{5} & \dfrac{3}{5} \end{pmatrix} \begin{pmatrix} x \\ y \end{pmatrix}$$

が得られる．

　点 $P(x, y)$ を原点 O を中心とし角 θ で回転移動したものを $Q(x', y')$ とする．OP の長さを r として，$x = r \cos a$, $y = r \sin a$ と極座標表示すると

$$x' = r \cos(a + \theta) = r(\cos a \cdot \cos \theta - \sin a \cdot \sin \theta) = x \cos \theta - y \sin \theta$$

$$y' = r \sin(a + \theta) = r(\sin a \cdot \cos \theta + \cos a \cdot \sin \theta) = x \sin \theta + y \cos \theta$$

これより

$$\begin{pmatrix} x' \\ y' \end{pmatrix} = A \begin{pmatrix} x \\ y \end{pmatrix}, \quad A = \begin{pmatrix} \cos \theta & -\sin \theta \\ \sin \theta & \cos \theta \end{pmatrix}$$

が得られる．

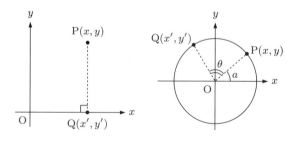

図 4.2　x 軸への正射影（左）と原点を中心とし回転角 θ の回転（右）

4.2 ● 線形写像の行列表示

データは複数の数字の組であるベクトルで表すことができる．通常，データサイエンスで扱うのは高次元のベクトルである．高次元ベクトルの場合でも，標準基底を用いてベクトルを成分表示することができる．

n 次元ユークリッド空間 $\mathbb{R}^n$ は，標準基底

$$\boldsymbol{e}_1 = \begin{pmatrix} 1 \\ 0 \\ \vdots \\ 0 \end{pmatrix}, \ \boldsymbol{e}_2 = \begin{pmatrix} 0 \\ 1 \\ \vdots \\ 0 \end{pmatrix}, \dots, \ \boldsymbol{e}_n = \begin{pmatrix} 0 \\ 0 \\ \vdots \\ 1 \end{pmatrix}$$

を備えている．すなわち任意のベクトル

$$\boldsymbol{x} = \begin{pmatrix} x_1 \\ \vdots \\ x_n \end{pmatrix} \in \mathbb{R}^n$$

は

$$\boldsymbol{x} = x_1 \boldsymbol{e}_1 + \cdots + x_n \boldsymbol{e}_n$$

のように表現することができる．

前節で述べた $m = n = 2$ の場合を拡張して線形写像を行列で表現するために，$m, n \in \mathbb{N}$，

$$a_{ij} \in \mathbb{R}, \quad 1 \leq i \leq n, \ 1 \leq j \leq m$$

に対して，(m, n) 行列 $A \in M_{m,n}(\mathbb{R})$ を

$$A = \begin{pmatrix} a_{11} & \cdots & \cdots & a_{1n} \\ a_{21} & \cdots & \cdots & a_{2n} \\ \vdots & \vdots & \vdots & \vdots \\ a_{m1} & \cdots & \cdots & a_{mn} \end{pmatrix} \tag{4.5}$$

とおき，ベクトル

$$\boldsymbol{x} = \begin{pmatrix} x_1 \\ x_2 \\ \vdots \\ x_n \end{pmatrix} \in \mathbb{R}^n$$

に対し，

$$A\boldsymbol{x} = \begin{pmatrix} b_1 \\ b_2 \\ \vdots \\ b_m \end{pmatrix} \in \mathbb{R}^m, \quad b_i = \sum_{i=1}^{n} a_{ij} x_j, \ 1 \le i \le m \tag{4.6}$$

と定めて

$$T(\boldsymbol{x}) = A\boldsymbol{x}$$

とする．このとき写像

$$T : \mathbb{R}^n \to \mathbb{R}^m \tag{4.7}$$

は線形写像となり，

$$T(\boldsymbol{z}_1 + \boldsymbol{z}_2) = T(\boldsymbol{z}_1) + T(\boldsymbol{z}_2) \in \mathbb{R}^m, \ \forall \boldsymbol{z}_1, \boldsymbol{z}_2 \in \mathbb{R}^n$$

$$T(c\boldsymbol{z}) = cT(\boldsymbol{z}) \in \mathbb{R}^m, \ \forall c \in \mathbb{R}, \ \forall \boldsymbol{z} \in \mathbb{R}^n$$

が成り立つ．

　$m = n = 2$ の場合と同様に，逆に任意の線形写像 (4.7) は，$\mathbb{R}^n$, $\mathbb{R}^m$ の標準基底

$$\{\boldsymbol{e}_1, \ldots, \boldsymbol{e}_n\}, \quad \{\boldsymbol{f}_1, \ldots, \boldsymbol{f}_m\}$$

により

$$T\boldsymbol{e}_j = \sum_{i=1}^{m} a_{ij} \boldsymbol{f}_i, \quad 1 \le j \le n$$

によって定められる $a_{ij} \in \mathbb{R}$ を用いて，(4.3), (4.5), (4.6) のように行列表現することができる．

● **行列の積** ●   行列 $A \in M_{m,n}(\mathbb{R})$, $B \in M_{\ell,m}(\mathbb{R})$ の**積** $C = BA \in M_{\ell,n}(\mathbb{R})$ は，これらを線形写像

$$A : \mathbb{R}^n \to \mathbb{R}^m, \quad B : \mathbb{R}^m \to \mathbb{R}^\ell$$

と見て，この順番に合成した写像 $C : \mathbb{R}^n \to \mathbb{R}^\ell$ の行列表現となるように，条件

$$Cx = B(Ax) \in \mathbb{R}^\ell, \quad x \in \mathbb{R}^n$$

定めたものである．この規則により

$$A = \begin{pmatrix} a_{11} & \cdots & \cdots & a_{1n} \\ a_{21} & \cdots & \cdots & a_{2n} \\ \vdots & \vdots & \vdots & \vdots \\ a_{m1} & \cdots & \cdots & a_{mn} \end{pmatrix}, \quad B = \begin{pmatrix} b_{11} & \cdots & \cdots & b_{1m} \\ b_{21} & \cdots & \cdots & b_{2m} \\ \vdots & \vdots & \vdots & \vdots \\ b_{\ell 1} & \cdots & \cdots & b_{\ell m} \end{pmatrix}$$

に対して

$$C = \begin{pmatrix} c_{11} & \cdots & \cdots & c_{1n} \\ c_{21} & \cdots & \cdots & c_{2n} \\ \vdots & \vdots & \vdots & \vdots \\ c_{\ell 1} & \cdots & \cdots & c_{\ell n} \end{pmatrix}$$

は

$$c_{ij} = \sum_{k=1}^{m} b_{ik} a_{kj}, \ 1 \le i \le \ell, \ 1 \le j \le n$$

で与えられる．

● **逆行列** ● $A \in M_{n,n}(\mathbb{R})$ に対して

$$AX = XA = E_n$$

となる $X \in M_{n,n}(\mathbb{R})$ が存在するとき，A を**正則行列**という．ただし

$$E_n = \begin{pmatrix} 1 & 0 & \cdots & 0 \\ 0 & 1 & \cdots & 0 \\ \vdots & \vdots & \ddots & 0 \\ 0 & \cdots & 0 & 1 \end{pmatrix}$$

は**単位行列**である．このとき X を A の**逆行列**といい，$X = A^{-1}$ と記述する.

特に

$$AA^{-1} = A^{-1}A = E_n$$

であり，逆行列は存在するとすればただ1つである．

●**行列のノルム**●　行列 $A = (a_{ij}) \in M_{m,n}(\mathbb{R})$ の**ノルム**を

$$\|A\| = \left(\sum_{i=1}^{n} \sum_{j=1}^{m} a_{ij}{}^2 \right)^{1/2}$$

で定める．ベクトル $\boldsymbol{x} \in \mathbb{R}^n$ の長さを

$$|\boldsymbol{x}| = \left(\sum_{i=1}^{n} x_i{}^2 \right)^{1/2}$$

とすれば**シュワルツの不等式**から

$$\left(\sum_{j=1}^{n} a_{ij} x_j \right)^2 \leq \sum_{j=1}^{n} a_{ij}{}^2 \cdot \sum_{j=1}^{n} x_j{}^2, \quad 1 \leq i \leq n$$

となり，両辺を i について加えると

$$|A\boldsymbol{x}| \leq \|A\||\boldsymbol{x}|$$

が得られる．

4.3 ● ベクトル空間

線形演算，すなわち加法とスカラー倍を備えた集合（空間）を**ベクトル空間**といい，その元をベクトルという．ここでスカラー全体を**係数体**といい，通常 $\mathbb{R}$ や $\mathbb{C}$ を考える．以下，係数体を K で表す．

ベクトル空間 X の元 $\boldsymbol{a}_1, \ldots, \boldsymbol{a}_n, \ldots$ は任意の $n \in \mathbb{N}$ と $c_1, \ldots, c_n \in K$ に対して

$$c_1 \boldsymbol{a}_1 + \cdots + c_n \boldsymbol{a}_n = 0$$

ならば常に $c_1 = \cdots = c_n = 0$ であるとき**線形独立**，そうでないとき**線形従属**という．また

$$Y = \left\{ \sum_{i=1}^{n} c_i \boldsymbol{a}_i \,\middle|\, c_i \in K, \ 1 \leq i \leq n, \ n \in \mathbb{N} \right\}$$

を $\{a_1, \ldots, a_n\}$ が**張る**部分空間という．ただし，X の **(線形) 部分空間**とは，線形演算について閉じた X の部分集合を指す．

$a_1, \ldots, a_n, \ldots \in X$ は線形独立かつ全空間 X を張るとき**基底**であるという．X に有限個の基底が存在するとき**有限次元**，そうでないときを**無限次元**という．基底の取り方は無数にあるが，有限次元ベクトル空間の基底の数は一定であり，この数を X の**次元**という．

●有限次元ベクトル空間の表現●　　係数体を K とする n 次元ベクトル空間 X に対し，その基底 $e_1, \ldots, e_n \in X$ を定めると，任意の $x \in X$ は

$$x = x_1 e_1 + \cdots + x_n e_n, \; x_1, \ldots, x_n \in K$$

のように一意的に表示することができる．すなわち $x \in X$ は

$$\begin{pmatrix} x_1 \\ \vdots \\ x_n \end{pmatrix} \in K^n = \overbrace{K \times \cdots \times K}^{n}$$

で表現される．このことを，基底を定めて X を K^n と**同一視**するという．

章末問題

以下の変換を順に行って得られる操作を，行列で表現せよ．

A.　　原点に関する対称移動

B.　　直線 $y = 2x$ に関する対称移動

C.　　原点 O を中心とし回転角 θ の回転移動

ねらい　線形写像の合成が行列の積で表現されることを確認する．A, B, C それぞれを行列で表示してその積 CBA を求める．線形写像の合成は，iPhone や iPad の画面を回転させて，画面の縦横の向きを変える機能などに使われている．

● **コラム 4 無限次元ベクトル空間**

実数を無限個ならべると数の列が得られる．この列を長さ無限のベクトルと見なし，それらの全体を考えると，基底ベクトルが無限個存在する無限次元ベクトル空間になる．この無限次元ベクトル空間は広すぎるため，ベクトル間の距離を定めることができないが，ヒルベルトはこの空間を狭めた ℓ^2 空間を導入した．

この ℓ^2 空間は，無限数列 $\boldsymbol{x} = (x_1, x_2, \dots)$ で

$$|\boldsymbol{x}|_2 = \left(\sum_{i=1}^{\infty} x_i{}^2 \right)^{1/2}$$

が収束するもの全体からなる空間で，そこではベクトル間の内積やノルムを定義することができ，有限次元のユークリッド空間を無限次元ベクトルに自然に拡張したものと見なすことができる．上記 $|\boldsymbol{x}|_2$ を ℓ^2 **ノルム**という．ℓ^2 ノルムは有限次元空間ではユークリッドノルムとなる．第 14 章で述べるリッジ正則化ではその有限次元の ℓ^2 ノルムが用いられている．

ヒルベルト空間は ℓ^2 空間を抽象化したもので，データサイエンスの様々なツールを見通し良く記述するのに役立つ他，量子力学の枠組みや，フーリエ級数の収束についての理論的根拠を与えるときに有効に用いられている．

5 行列の固有値

ベクトル空間からベクトル空間への線形変換は，基底を定めれば行列で表現されるが，基底を適切に定めるとこの表現を標準形にすることができる．この標準形は，固有値や特異値など，行列表示に依存しない，線形変換に本質的に付随する不変量によって表示される．次元削減など，データの処理は行列の不変量を取り出すことに帰着される場合が多く，正方行列の固有値はその最も基本的なものである．本章では行列を標準化する手続きを解説し，実対称行列が直交行列によって対角化できることを述べる．

5.1 ● 相似変換

$K = \mathbb{R}$ または $K = \mathbb{C}$ として，X を K を係数体とする n 次元ベクトル空間，

$$T : X \to X$$

を **線形写像**，すなわち線形演算を保存する写像であるとする：

$$T(\boldsymbol{z}_1 + \boldsymbol{z}_2) = T(\boldsymbol{z}_1) + T(\boldsymbol{z}_2) \in X, \ \forall \boldsymbol{z}_1, \boldsymbol{z}_2 \in X$$

$$T(c\boldsymbol{z}) = cT(\boldsymbol{z}) \in X, \ \forall c \in K, \ \forall \boldsymbol{z} \in X$$

このとき X の基底 $\{\boldsymbol{e}_1, \ldots, \boldsymbol{e}_n\}$ を定めれば，スカラー

$$a_{ij} \in K, \ 1 \le i, j \le n$$

を

$$T\boldsymbol{e}_j = \sum_{i=1}^{n} a_{ij}\boldsymbol{e}_i, \quad 1 \le j \le n$$

によって定義することができる．

従って

$$\boldsymbol{x} = \sum_{j=1}^{n} x_j \boldsymbol{e}_j, \ x_j \in K, \ 1 \le j \le n$$

に対し

$$Tx = \sum_{j=1}^{n} x_j Te_j = \sum_{i,j=1}^{n} a_{ij} x_j e_i \in X$$

であり，x を K^n の元

$$x = \begin{pmatrix} x_1 \\ \vdots \\ x_n \end{pmatrix}$$

とみなすと Tx は

$$Ax = \left(\sum_{j=1}^{n} a_{ij} x_j \right)_{1 \le i \le n} \in K^n$$

となる．すなわち基底を定めて，X を K^n と同一視すると，線形写像 $T : X \to X$ は行列

$$A = (a_{ij}) \in M_{n,n}(K)$$

で表現することができる．

　ここで $\{e'_1, \ldots, e'_n\}$ を X の別の基底とすると

$$e'_i = \sum_{j=1}^{m} s'_{ij} e_j, \ 1 \le i \le n, \quad e_k = \sum_{\ell=1}^{n} s_{k\ell} e'_\ell, \ 1 \le i \le n$$

となる

$$S' = (s'_{ij}) \in M_{n,n}(\mathbb{R}), \quad S = (s_{k\ell}) \in M_{n,n}(K)$$

が存在する．単位行列

$$E = \mathrm{diag}(1, \ldots, 1) \equiv \begin{pmatrix} 1 & 0 & \cdots & 0 \\ 0 & 1 & \cdots & 0 \\ \vdots & \vdots & \vdots & \vdots \\ 0 & 0 & 0 & 1 \end{pmatrix}$$

に対し，

$$S'S = SS' = E$$

であり，S は正則行列（逆行列を持つ正方行列）で

$$S^{-1} = S'$$

となる．さらに

$$Te'_i = \sum_{j=1}^{n} s'_{ij} Te_j = \sum_{j,k=1}^{n} s'_{ij} a_{jk} e_k = \sum_{j,k,\ell=1}^{n} s'_{ij} a_{jk} s_{k\ell} e'_\ell$$

より，T は基底 $\{e'_1, \ldots, e'_n\}$ のもとで，行列

$$A' = S^{-1}AS \tag{5.1}$$

によって表現される．

(5.1) を行列 A の**相似変換**という．正方行列が表現する線形写像は，相似変換の下で不変である．

5.2 ● 対角化

係数体と $K = \mathbb{R}$ または $K = \mathbb{C}$ とし，$M_{n,n}(K)$ を K を成分とする (n,n) 行列全体とする．正方行列 $A \in M_{n,n}(K)$ は正則行列 S によって対角行列と相似であるとき**対角化可能**であるという：

$$S^{-1}AS = \mathrm{diag}(\lambda_1, \ldots, \lambda_n)$$

ただし，以後，行列

$$\begin{pmatrix} \lambda_1 & & \\ & \ddots & \\ & & \lambda_n \end{pmatrix}$$

を $\mathrm{diag}(\lambda_1, \ldots, \lambda_n)$ と表す．

この式から $AS = S\Lambda$ であり，$S = (e_1, \ldots, e_n)$, $e_i \in K^n$ に対して

$$e_i \neq 0, \quad Ae_i = \lambda_i e_i, \ 1 \leq i \leq n \tag{5.2}$$

が成り立つ．一般に (5.2) を満たす e_i が存在するとき，$\lambda_i \in K$ を**固有値**，$e_i \in K^n$ をその**固有ベクトル**という．固有ベクトルは一意に定まるわけではないが，固有値は A が表現する線形写像

$$T : K^n \to K^n$$

に付随して一意に定まる. (5.2) は $A - \lambda_i E$ が**退化**, すなわち逆行列を持たないことを意味するが, 行列が退化する条件は以下のように**行列式**を用いて表すことができる.

一般に行列 $A = (a_{ij}) \in M_{n,n}(K)$ の行列式は

$$\det A = \sum_{\sigma \in \mathbb{S}^n} \mathrm{sgn}\ \sigma \cdot a_{1\sigma(1)} \cdots a_{n\sigma(n)} \tag{5.3}$$

で与えられる. ただし $\mathbb{S}^n$ は

$$\Omega = \{1, \ldots, n\}$$

からそれ自身への全単射全体を表す. この $\mathbb{S}^n$ は群の構造を持っているので n 次対称群という.

$\Omega = \{1, \ldots, n\}$ の二つの要素を入れ替える操作は $\mathbb{S}^n$ の元で, **互換**という. 任意の $\sigma \in \mathbb{S}^n$ は互換の合成で表すことができる. その表し方は一意的ではないが, 用いた互換の数の偶奇は σ によって定まる. この偶奇が偶数の時は $\mathrm{sgn}\ \sigma = 1$, 奇数のときは $\mathrm{sgn}\ \sigma = -1$ として, $\sigma \in \mathbb{S}^n$ の**符号**という.

このとき $A \in M_{n,n}(K)$ が正則であるための必要十分条件は $\det A \neq 0$ となることであることが知られている. $\lambda \in K$ が A の固有値であるための必要十分条件は $A - \lambda E$ が正則行列でないことであり, 従って

$$\det(A - \lambda E) = 0 \tag{5.4}$$

と同値であることがわかる. 式 (5.4) を A の**固有方程式**という.

固有方程式 (5.4) は λ の n 次代数方程式であるので, 代数学の基本定理によって次の定理が得られることがわかる.

定理 5.1　任意の n 次複素行列は, 重複を入れて n 個の複素数の固有値をもつ.

以上のことから, 複素正方行列 $A \in M_{n,n}(\mathbb{C})$ が対角化可能であるための必要十分条件は, 固有ベクトル $e_i \in \mathbb{C}^n$, $1 \le i \le n$ を横に並べた変換行列

$$S = (e_1 \cdots e_n) \in M_{n,n}(\mathbb{C})$$

が正則であることになる. この条件は $e_1, \ldots, e_n$ が線形独立であることと同値であり, 特に固有値 $\lambda_1, \ldots, \lambda_n \in \mathbb{C}$ がすべて異なれば対角化可能である.

5.3 ● 実対称行列

一般に実行列 $A = (a_{ij}) \in M_{m,n}(\mathbb{R})$ の縦横を逆にしたもの

$$(a_{ji}) \in M_{n,m}(\mathbb{R})$$

をその**転置行列**といい，A^T で表す．また

$$A^T = A$$

となる実正方行列 A を**実対称行列**という．逆行列が転置行列となる正則行列 Q,

$$Q^{-1} = Q^T$$

を**直交行列**という．直交行列は長さを変えない線形写像に対応し，

$$|Q\boldsymbol{x}| = |\boldsymbol{x}|, \quad \forall \boldsymbol{x} \in \mathbb{R}^n$$

が成り立つ．ただし，

$$|\boldsymbol{x}| = \sqrt{x_1{}^2 + \cdots + x_n{}^2}$$

はベクトル $\boldsymbol{x} = (x_1, \ldots, x_n)^T$ の長さである．

実対称行列は直交行列で対角化できる．

定理 5.2 $A \in M_{n,n}(\mathbb{R})$, $A^T = A$ に対し直交行列 $Q \in M_{n,n}(\mathbb{R})$ が存在して

$$Q^T A Q = \Lambda \equiv \mathrm{diag}(\lambda_1, \ldots, \lambda_n), \quad \lambda_i \in \mathbb{R}, \ 1 \leq i \leq n$$

が成り立つ．

定理 5.2 において $\lambda_i \in \mathbb{R}$, $1 \leq i \leq n$ は A の固有値であり，

$$Q = (\boldsymbol{e}_1 \cdots \boldsymbol{e}_n)$$

に対して $\boldsymbol{e}_i$ が固有ベクトルである：

$$A\boldsymbol{e}_i = \lambda_i \boldsymbol{e}_i, \ |\boldsymbol{e}_i| = 1$$

特に Q は直交行列であるので相異なる固有ベクトルは直交する：

$$(\boldsymbol{e}_i, \boldsymbol{e}_j) = 0, \ i \neq j$$

上記定理は**グラム・シュミットの直交化法**から得られる，次の**シュアの補題**によって証明することができる．ここで，一般に $A = (a_{ij})$ が複素行列のときは，転置行列の各成分を複素共役に変えた

$$(\overline{a_{ji}}) \in M_{n,n}(\mathbb{C})$$

を A の**随伴行列**といい，A^* で表す．また $U^{-1} = U^*$ となる複素正則行列 $U \in M_{n,n}(\mathbb{C})$ を**ユニタリ行列**という．

定理 5.3　任意の複素行列 $A \in M_{n,n}(\mathbb{C})$ に対して，ユニタリ行列 U が存在して U^*AU は**上三角行列**となる．

5.4 ● 2 次形式

実対称行列 $A = (a_{ij})$ は $\boldsymbol{x} = (x_1, \ldots, x_n)^T \in \mathbb{R}^n$ の **（実）2 次形式**

$$P(\boldsymbol{x}) \equiv \sum_{i,j=1}^{n} a_{ij} x_i x_j = \boldsymbol{x}^T A \boldsymbol{x} \tag{5.5}$$

と 1 対 1 に対応する．以後

$$P(\boldsymbol{x}) = A[\boldsymbol{x}, \boldsymbol{x}] \tag{5.6}$$

と書き，$\boldsymbol{x}, \boldsymbol{y} \in \mathbb{R}^n$ に対して，

$$A[\boldsymbol{x}, \boldsymbol{y}] = \boldsymbol{x}^T A \boldsymbol{y}$$

とする．

$n = 2$ の場合は

$$A = \begin{pmatrix} a_{11} & a_{12} \\ a_{21} & a_{22} \end{pmatrix}, \quad a_{ij} \in \mathbb{R},\ a_{12} = a_{21}$$

であり，対応する 2 次形式は

$$P = a_{11}x_1{}^2 + 2a_{12}x_1x_2 + a_{22}x_2{}^2$$
$$= (x_1\ x_2) \begin{pmatrix} a_{11} & a_{12} \\ a_{21} & a_{22} \end{pmatrix} \begin{pmatrix} x_1 \\ x_2 \end{pmatrix}$$

である．

5.5 ● 2 次形式の定値性

実対称行列

$$A = (a_{ij})_{1 \le i,j \le n}, \quad a_{ji} = a_{ij} \in \mathbb{R}^n$$

に対応する 2 次形式

$$P(\boldsymbol{x}) = \sum_{i,j=1}^{n} a_{ij} x_i x_j = \boldsymbol{x}^T A \boldsymbol{x}, \quad \boldsymbol{x} = (x_1, \ldots, x_n)^T \in \mathbb{R}^n$$

が常にゼロ以上であるとき，すなわち

$$A[\boldsymbol{x}, \boldsymbol{x}] = \boldsymbol{x}^T A \boldsymbol{x} \geq 0, \quad \forall \boldsymbol{x} \in \mathbb{R}^n$$

が成り立つとき，行列 A は**半正定値**であるという．また，この2次形式がゼロでない $\boldsymbol{x} \in \mathbb{R}^n$ に対して常に正となるとき，すなわち

$$A[\boldsymbol{x}, \boldsymbol{x}] = \boldsymbol{x}^T A \boldsymbol{x} > 0, \quad \forall \boldsymbol{x} \in \mathbb{R}^n \setminus \{\boldsymbol{0}\}$$

が成り立つとき，行列 A は**正定値**であるという．

A の固有値を $\lambda_i \in \mathbb{R}, 1 \leq i \leq n$ とすれば，A が半正定値であることは

$$\lambda_i \geq 0, \quad 1 \leq \forall i \leq n \tag{5.7}$$

が成り立つことと，また正定値であることは

$$\lambda_i > 0, \quad 1 \leq \forall i \leq n \tag{5.8}$$

が成り立つことと同値である．

実際，定理 5.2 により，対角行列

$$\Lambda = \mathrm{diag}(\lambda_1, \ldots, \lambda_n)$$

に対して直交行列

$$Q \in M_{n,n}(\mathbb{R}), \quad Q^{-1} = Q^T$$

が存在して

$$Q^T A Q = \Lambda \tag{5.9}$$

が成り立つ．(5.9) によって

$$A = Q \Lambda Q^T$$

であり，

$$\boldsymbol{y} = Q^T \boldsymbol{x} = (y_1, \ldots, y_n)^T$$

に対して

$$A[\boldsymbol{x}, \boldsymbol{x}] = \boldsymbol{x}^T A \boldsymbol{x} = \boldsymbol{x}^T Q \Lambda Q^T \boldsymbol{x}$$

$$= \boldsymbol{y}^T \Lambda \boldsymbol{y} = \Lambda[\boldsymbol{y}, \boldsymbol{y}] = \lambda_1 {y_1}^2 + \cdots + \lambda_n {y_n}^2$$

となる．これより半正定値の条件は

$$A[\boldsymbol{x}, \boldsymbol{x}] \geq 0, \ \forall \boldsymbol{x} \in \mathbb{R}^n \iff \Lambda[\boldsymbol{y}, \boldsymbol{y}] \geq 0, \ \forall \boldsymbol{y} \in \mathbb{R}^n$$

であり，後者より (5.7) が得られる.

同様に正定値の条件は

$$A[\boldsymbol{x}, \boldsymbol{x}] > 0, \ \forall \boldsymbol{x} \in \mathbb{R}^n \setminus \{\boldsymbol{0}\} \iff \Lambda[\boldsymbol{y}, \boldsymbol{y}] > 0, \ \forall \boldsymbol{y} \in \mathbb{R}^n \setminus \{\boldsymbol{0}\}$$

であり，(5.8) となる.

2つの実対称行列 A, B に対して，$A - B$ が半正定値のとき $A \geq B$，正定値のとき $A > B$ と書く. $E_n = \mathrm{diag}(1, 1, \ldots, 1)$ を単位行列，n 次実対称行列 A の固有値を $\lambda_i, 1 \leq i \leq n$ とすれば

$$(\min_i \lambda_i) E_n \leq A \leq (\max_i \lambda_i) E_n$$

が成り立つ.

章末問題

行列

$$A = \begin{pmatrix} 0 & 1 & 0 \\ -1 & 0 & 0 \\ 0 & 0 & 1 \end{pmatrix}$$

を対角化せよ. 次に $R^2 = A$ となる行列 R を求めよ.

ねらい 対角化できる行列は，スカラーと類似する計算ができる. このことを，本問題によって会得する.

●コラム5　ジョルダン標準形と行列式

一般の $A \in M_{n,n}(\mathbb{C})$ は必ずしも対角化できず，**ジョルダン標準形**に相似変換される. 21.1 節で述べるように，ジョルダン標準形は定数係数常微分方程式系の解の表示などに有効であるが，データサイエンスでは 9.3 節で述べる行列の**特異値分解**がよく用いられる.

実行列 $A = (\boldsymbol{e}_1 \cdots \boldsymbol{e}_n) \in M_{n,n}(\mathbb{R})$ の**行列式** $\det A$ はベクトル $\boldsymbol{e}_i \in \mathbb{R}^n$，$1 \leq i \leq n$ のつくる平行 $2n$ 面体の符号付体積を表し，このことから行列式は重積分の変換公式で基本的な役割を果たす. この符号は座標軸の像が右手系となるか左手系となるかによって定まり，ウェッジ積と同様に二つの列ベクトル $\boldsymbol{e}_i, \boldsymbol{e}_j, i \neq j$ を入れ替えると逆転する.

6 最適化

関数の最小や最大を求めることを最適化という．最適化は回帰分析，主成分分析，階層的クラスタリングなど，データサイエンスの様々な手法の核となる重要なツールである．本章では，最初に前章で述べた実対称行列の対角化を用いて2次形式を分析し，次に一般の多変数関数の最適化とそのアルゴリズムを解説する．

6.1 ● 関数のグラフ

一般の n 変数関数 $f(\boldsymbol{x})$, $\boldsymbol{x} = (x_1, \ldots, x_n)$ の全微分可能性，連続微分可能性も，第3章で述べた $n = 2, 3$ の場合と同様に定義される．3.3節で述べたように，このとき勾配，勾配作用素は次のように与えられる：

$$\nabla f = \begin{pmatrix} f_{x_1} \\ \vdots \\ f_{x_n} \end{pmatrix}, \quad \nabla = \begin{pmatrix} \partial_1 \\ \vdots \\ \partial_n \end{pmatrix}$$

ただし

$$f_{x_i} = \frac{\partial f}{\partial x_i}, \ \partial_i = \frac{\partial}{\partial x_i}, \quad 1 \le i \le n$$

は，$f(\boldsymbol{x})$ の x_i に関する偏微分である．

$\mathbb{R}^n$ 内の開集合上で連続微分可能な関数 $f(\boldsymbol{x})$ は，そこでいたるところ全微分可能であり，$n = 3$ に対する (3.13) に対応して，点 $\boldsymbol{x}_0$ に対し

$$f(\boldsymbol{x}) = f(\boldsymbol{x}_0) + \nabla f(\boldsymbol{x}_0) \cdot (\boldsymbol{x} - \boldsymbol{x}_0) + o(|\boldsymbol{x} - \boldsymbol{x}_0|), \quad \boldsymbol{x} \to \boldsymbol{x}_0 \tag{6.1}$$

を満たす．ただし $\cdot$ は $\mathbb{R}^n$ の内積，$|\cdot|$ はベクトルの長さである：

$$\boldsymbol{a} \cdot \boldsymbol{b} = \sum_{i=1}^n a_i b_i, \ \boldsymbol{a} = \begin{pmatrix} a_1 \\ \vdots \\ a_n \end{pmatrix}, \ \boldsymbol{b} = \begin{pmatrix} b_1 \\ \vdots \\ b_n \end{pmatrix}, \quad |\boldsymbol{a}| = (\boldsymbol{a} \cdot \boldsymbol{a})^{1/2}$$

式 (6.1) の右辺第 2 項まで

$$f(\boldsymbol{x}_0) + \nabla f(\boldsymbol{x}_0) \cdot (\boldsymbol{x} - \boldsymbol{x}_0)$$

は，**超曲面**

$$\mathcal{M} = \{(x_1, \ldots, x_n, y) \mid y = f(x_1, \ldots, x_n)\} \subset \mathbb{R}^{n+1} \tag{6.2}$$

上の点 $(\boldsymbol{x}_0, f(\boldsymbol{x}_0))$ における，$\mathcal{M}$ の**接平面**を表す．特に $f(\boldsymbol{x})$ の極大，極小を達成する点 $\boldsymbol{x}_0$ は $f(\boldsymbol{x})$ の臨界点となる：

$$\nabla f(\boldsymbol{x}_0) = 0 \tag{6.3}$$

$\mathbb{R}^n$ 内の開集合上で 2 回連続微分可能な関数 $f(\boldsymbol{x})$ はそこでいたる所 2 回全微分可能であり，$n = 2$ に対する (3.18) に対応して，点 $\boldsymbol{x}_0$ に対し

$$f(\boldsymbol{x}) = f(\boldsymbol{x}_0) + \nabla f(\boldsymbol{x}_0) \cdot (\boldsymbol{x} - \boldsymbol{x}_0) + \frac{1}{2} \nabla^2 f(\boldsymbol{x}_0)[\boldsymbol{x} - \boldsymbol{x}_0, \boldsymbol{x} - \boldsymbol{x}_0]$$

$$+ o(|\boldsymbol{x} - \boldsymbol{x}_0|^2), \quad \boldsymbol{x} \to \boldsymbol{x}_0 \tag{6.4}$$

を満たす．ここで

$$\nabla^2 f = \begin{pmatrix} \dfrac{\partial^2 f}{\partial x_1^2} & \cdots & \dfrac{\partial^2 f}{\partial x_1 x_n} \\ \vdots & \vdots & \vdots \\ \dfrac{\partial^2 f}{\partial x_n \partial x_1} & \cdots & \dfrac{\partial^2 f}{\partial x_n^2} \end{pmatrix}$$

を**ヘッセ行列**という．

シュワルツの定理（定理 3.2）

$$\frac{\partial^2 f}{\partial x_i \partial x_j} = \frac{\partial^2 f}{\partial x_j \partial x_i}, \quad 1 \leq i, j \leq n$$

により $\nabla^2 f$ は実対称行列である．(6.4) 式の右辺第 2 項は，前章で述べた対称行列に付随する 2 次形式を表している．(5.6) により，$n = 2$ の場合では (6.4) は $\boldsymbol{x}_0 = (x_{01}, x_{02})$ に対して

$$f(x_1, x_2) = f(x_{01}, x_{02}) + \frac{\partial f}{\partial x_1}(x_{01}, x_{02})(x_1 - x_{01})$$

$$+ \frac{\partial f}{\partial x_2}(x_{01}, x_{02})(x_2 - x_{02}) + \frac{1}{2} \frac{\partial^2 f}{\partial x_1^2}(x_{01}, x_{02})(x_1 - x_{01})^2$$

$$+ \frac{\partial^2 f}{\partial x_1 \partial x_2}(x_{01}, x_{02})(x_1 - x_{01})(x_2 - x_{02})$$

$$+ \frac{1}{2} \frac{\partial^2 f}{\partial x_2^2}(x_{01}, x_{02})(x_2 - x_{02}) + o(|x_1 - x_{01}|^2 + |x_2 - x_{02}|^2),$$

$$(x_1, x_2) \to (x_{01}, x_{02})$$

のことであり，(3.18) に他ならない.

6.2 ● 非退化臨界点

(6.4) は，(6.2) で与えられる超曲面 $\mathcal{M}$ を $\boldsymbol{x}_0$ の近傍で2次超曲面で近似して している式である．$\boldsymbol{x}_0$ が f の臨界点である場合には，(6.3) より第3項が $\boldsymbol{x}_0$ 近傍での $\mathcal{M}$ の描像の第1近似となる．実際，この近似はヘッセ行列 $\nabla^2 f(\boldsymbol{x}_0)$ が正則のとき有効で，このような $\boldsymbol{x}_0$ を $f(\boldsymbol{x})$ の**非退化臨界点**という.

$f(\boldsymbol{x})$ の臨界点 $\boldsymbol{x}_0$, $\nabla f(\boldsymbol{x}_0) = 0$ において，ヘッセ行列

$$\nabla^2 f(\boldsymbol{x}_0)$$

が正定値であれば $\boldsymbol{x}_0$ は $f(\boldsymbol{x})$ の**極小点**, $-\nabla^2 f(\boldsymbol{x}_0)$ が正定値であれば**極大点**である．逆に $\boldsymbol{x}_0$ が $f(\boldsymbol{x})$ の極小点であれば $\nabla^2 f(\boldsymbol{x}_0)$ は半正定値となり，極大点であれば $-\nabla^2 f(\boldsymbol{x}_0)$ が半正定値になる．また $\nabla^2 f(\boldsymbol{x}_0)$ の固有値 $\lambda_i, 1 \le i \le n$ が正負に分かれれば，$\boldsymbol{x}_0$ は $f(\boldsymbol{x})$ の**鞍点**になる.

例 6.1　2変数関数 $f(x, y) = x^2 - y^2$ において $(x, y) = 0$ は鞍点であり，極小点でも極大点でもない.

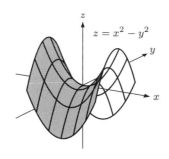

図 6.1 2変数関数 $f(x, y) = x^2 - y^2$ のグラフ

6.3 ● 凸関数

凸関数は最適化問題でよく現れ，その極小点はデータサイエンスに限らず様々な問題の解を与える.

n 変数関数 $f = f(\boldsymbol{x})$, $\boldsymbol{x} = (x_1, \ldots, x_n)$ は，すべての $0 < \lambda < 1$ と $\boldsymbol{x}, \boldsymbol{y}$ に対して

$$f((1 - \lambda)\boldsymbol{x} + \lambda\boldsymbol{y}) \leq (1 - \lambda)f(\boldsymbol{x}) + \lambda f(\boldsymbol{y}) \tag{6.5}$$

が成り立つとき**凸関数**であるという. ここで

$$(1 - \lambda)\boldsymbol{x} + \lambda\boldsymbol{y}, \quad (1 - \lambda)f(\boldsymbol{x}) + \lambda f(\boldsymbol{y})$$

はそれぞれ点 $\boldsymbol{x}, \boldsymbol{y}$，値 $f(\boldsymbol{x}), f(\boldsymbol{y})$ の内分点である. (6.5) は $\boldsymbol{x}$ 超平面上の任意の線分 ℓ 上で，$z = f(\boldsymbol{x})$ のグラフ $\mathcal{C}$ が ℓ の端点上の $\mathcal{C}$ の 2 点を結んだ線分以下にあることを示している.

$f(\boldsymbol{x})$ が連続微分可能であるとき，この条件は任意の点 $\boldsymbol{x}_0$ において $y = f(\boldsymbol{x})$ のグラフが接平面より下にこないことと同値である：

$$f(\boldsymbol{x}) \geq f(\boldsymbol{x}_0) + \nabla f(\boldsymbol{x}_0) \cdot (\boldsymbol{x} - \boldsymbol{x}_0), \quad \forall \boldsymbol{x}, \boldsymbol{x}_0 \tag{6.6}$$

さらに $f(\boldsymbol{x})$ が 2 階連続微分可能であるとき，この条件はヘッセ行列 $\nabla^2 f$ が半正定値であることと同値である：

$$\nabla^2 f(\boldsymbol{x}) \geq 0, \quad \forall \boldsymbol{x}$$

全空間 $\mathbb{R}^n$ で，1 階連続微分可能かつ**統御的**，すなわち

$$\lim_{|\boldsymbol{x}| \to \infty} f(\boldsymbol{x}) = +\infty$$

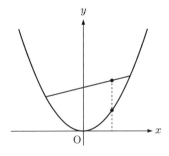

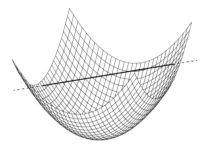

図 6.2　1 変数凸関数 $f(x) = x^2$　　図 6.3　2 変数凸関数 $f(x, y) = x^2 + y^2$

である凸関数の最小値は達成され，$\boldsymbol{x}_0$ が最小点であるための必要十分条件は $f(\boldsymbol{x})$ の臨界点となることである：

$$\nabla f(\boldsymbol{x}_0) = 0$$

最小点は臨界点として退化している場合には，必ずしも一意でない．ただし (6.5) において $\boldsymbol{x} \neq \boldsymbol{y}$, $0 < \lambda < 1$ のとき常に

$$f((1 - \lambda)\boldsymbol{x} + \lambda\boldsymbol{y}) < (1 - \lambda)f(\boldsymbol{x}) + \lambda f(\boldsymbol{y})$$

であるとき，$f(\boldsymbol{x})$ は**狭義凸**であるといい，この場合は $f(\boldsymbol{x})$ の最小点は非退化で，一意に定まる．

6.4 ● 反復列の構成

回帰分析や教師あり学習など，データサイエンスの多くの問題は関数の極小を求める問題に帰着され，解を求めるために極小に向かう反復列が構成されている．ここでは反復列の構成法として，勾配法，ニュートン法，共役勾配法を解説する．

● **勾配法** ●　勾配を用いて関数の極小を求める方法を**勾配法**または**最急降下法**という．

一般に n 変数関数 $y = f(x_1, \ldots, x_n)$ の勾配は

$$\nabla f = \begin{pmatrix} \dfrac{\partial f}{\partial x_1} \\ \vdots \\ \dfrac{\partial f}{\partial x_n} \end{pmatrix}$$

であり，点 $\boldsymbol{x}$ において $f(\boldsymbol{x})$ の値が最も大きくなる方向に向かい，その変化率を長さとするベクトルを表す．$f(\boldsymbol{x})$ が 2 階連続微分可能であるとすると，$|\Delta\boldsymbol{x}| \ll 1$ において

$$f(\boldsymbol{x} + \Delta\boldsymbol{x}) = f(\boldsymbol{x}) + \nabla f(\boldsymbol{x}) \cdot \Delta\boldsymbol{x} + \frac{1}{2}\nabla^2 f(\boldsymbol{x})[\Delta\boldsymbol{x}, \Delta\boldsymbol{x}] + o(|\Delta\boldsymbol{x}|^2) \quad (6.7)$$

である．このことから，勾配法では $f(\boldsymbol{x})$ の極小点 $\boldsymbol{x}_0$ に向かう反復列 $\boldsymbol{x}_k = (x_1^k, \ldots, x_n^k)$, $k = 1, 2, \ldots$ を，$\alpha > 0$ を定数として

$$\boldsymbol{x}_{k+1} = \boldsymbol{x}_k + \Delta\boldsymbol{x}_k, \quad \Delta\boldsymbol{x}_k = -\alpha\nabla f(\boldsymbol{x}_k)$$

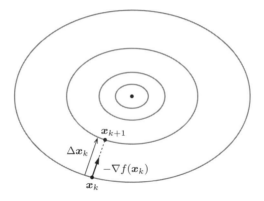

図 6.4　勾配法

で定める.

(6.7) より

$$f(\boldsymbol{x}_{k+1}) = f(\boldsymbol{x}_k) + \nabla f(\boldsymbol{x}_k) \cdot \Delta \boldsymbol{x}_k + O(\|\nabla^2 f(\boldsymbol{x}_k)\| |\Delta \boldsymbol{x}_k|^2)$$

$$= f(\boldsymbol{x}_k) - \alpha |\nabla f(\boldsymbol{x}_k)|^2 + O(\alpha^2 \|\nabla^2 f(\boldsymbol{x}_k)\| |\nabla f(\boldsymbol{x}_k)|^2)$$

となり, $0 < \delta \ll 1$ が存在して, 不等式

$$0 < \alpha < \delta \|\nabla^2 f(\boldsymbol{x}_k)\|^{-1}$$

が有効であるあいだは

$$f(\boldsymbol{x}_{k+1}) < f(\boldsymbol{x}_k) - \frac{\alpha}{2} |\nabla f(\boldsymbol{x}_k)|^2 \tag{6.8}$$

が成り立ち減少する. 3.3 節で述べたように, 機械学習における勾配消失は, 不等式 (6.8) において $|\nabla f(\boldsymbol{x}_k)| \to 0$ とともに学習率が悪化することで発生する.

●ニュートン法● 関数 $f(x_1, \ldots, x_n)$ の極小点は臨界点であるので, 極小点を勾配法を用いて求める代わりに, 方程式

$$g_i(x_1, \ldots, x_n) = 0, \ 1 \le i \le n \tag{6.9}$$

を解くとその候補が得られる. ただし

$$g_i = \frac{\partial f}{\partial x_i} \tag{6.10}$$

である.

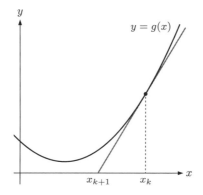

図 6.5 ニュートン法 ($n = 1$ のとき)

$n = 1$ のとき $y = g(x)$, $x \in \mathbb{R}$ のゼロ点を求める場合, **ニュートン法**では

$$x_{k+1} = x_k - \frac{g(x_k)}{g'(x_k)}, \quad k = 1, 2, \ldots,$$

によって反復列 x_k, $k = 1, 2, \ldots$ を定める. これは点 $(x_k, g(x_k))$ において曲線 $y = g(x)$ の接線を引いて, x 軸との交わりを x_{k+1} とすることを意味している.

連立方程式 (6.9) を解くにはベクトル値関数

$$\boldsymbol{g}(\boldsymbol{x}) = \begin{pmatrix} g_1(\boldsymbol{x}) \\ \vdots \\ g_n(\boldsymbol{x}) \end{pmatrix}, \ \boldsymbol{x} = (x_1, \ldots, x_n)$$

を導入し,

$$J_{\boldsymbol{g}}(\boldsymbol{x}) = \begin{pmatrix} \dfrac{\partial g_1}{\partial x_1} & \cdots & \dfrac{\partial g_1}{\partial x_n} \\ \dfrac{\partial g_2}{\partial x_1} & \cdots & \dfrac{\partial g_2}{\partial x_n} \\ \vdots & \vdots & \vdots \\ \dfrac{\partial g_n}{\partial x_1} & \cdots & \dfrac{\partial g_n}{\partial x_n} \end{pmatrix}$$

をそのヤコビ行列として, 反復列

$$\boldsymbol{x}_k = (x_1^k, \ldots, x_n^k), \ k = 1, 2, \ldots$$

を

$$x_{k+1} = x_k - J_g(x_k)^{-1} \nabla g(x_k) \tag{6.11}$$

で定める.

$f(x_1, \ldots, x_n)$ の臨界点を求める場合には (6.10) によって, (6.11) は

$$x_{k+1} = x_k + \Delta x_k, \quad \Delta x_k = -(\nabla^2 f(x_k))^{-1} \nabla f(x_k) \tag{6.12}$$

となる. (6.7) より得られる

$$f(x + \Delta x) = f(x) + \nabla f(x) \cdot \Delta x + o(|\Delta x|)$$

より

$$f(x_{k+1}) = f(x_k) - \nabla^2 f(x_k)^{-1}[\nabla f(x_k), \nabla f(x_k)]$$
$$+ o(\|\nabla^2 f(x_k)^{-1}\|^2 |\nabla f(x_k)|^2)$$

である. 従って $\delta > 0$ に対して, 実対称行列として

$$\nabla^2 f(x_k)^{-1} \geq \delta E_n$$

が成り立つあいだは $|\nabla f(x_k)| \ll 1$ において

$$f(x_{k+1}) < f(x_k) - \frac{\delta}{2} |\nabla f(x_k)|^2$$

となり, $f(x_k)$ は減少する.

● **共役勾配法** ● ニュートン法 (6.12) で必要な, 逆行列 $\nabla^2 f(x_k)^{-1}$ の毎回計算を避けるため, この逆行列の代わりに常に $\nabla^2 f(x_1)^{-1}$ を用いる方法も使われる. これが**擬似ニュートン法**である:

$$x_{k+1} = x_k - (\nabla^2 f(x_1))^{-1} \nabla f(x_k), \quad k = 1, 2, \ldots \tag{6.13}$$

これに対して**共役勾配法**は, 式 (6.13) を

$$\Delta x_k = x_{k+1} - x_k, \quad \nabla^2 f(x_k) \Delta x_k + \nabla f(x_k) = 0$$

と書き, x_k からの摂動 Δx_k の方向ベクトル $\eta_k \in \mathbb{R}^n$ は, $\nabla^2 f(x_k) \eta_k$ が $\nabla f(x_k)$ と平行になるように定められていることに着目して構成する. 以下このことを

$$\nabla^2 f(x_k) \eta_k \parallel \nabla f(x_k) \tag{6.14}$$

と書く.

すなわち共役勾配法では，$\nabla f(\boldsymbol{x}_k)$ と直交する単位ベクトル $\boldsymbol{e}_k \in \mathbb{R}^n$,

$$|\boldsymbol{e}_k| = 1, \quad \boldsymbol{e}_k \cdot \nabla f(\boldsymbol{x}_k) = 0 \tag{6.15}$$

をとり，$\boldsymbol{\eta}_k$ を

$$\boldsymbol{\eta}_k = \nabla f(\boldsymbol{x}_k) + \alpha \boldsymbol{e}_k, \quad \alpha \in \mathbb{R} \tag{6.16}$$

とする．$n = 2$ ではこの $\boldsymbol{e}_k$ は向きを除いて一意的に定まる．一般の $n \geq 3$ では $\mathbb{R}^n$ の単位球表面上にある，$(n-2)$ 次元の大円だけの自由度がある．

(6.16) における $\alpha = \alpha_k$ を定めるために，(6.14)-(6.15) より

$$\boldsymbol{e}_k \cdot \nabla^2 f(x_k)\boldsymbol{\eta}_k = \nabla^2 f(\boldsymbol{x}_k)[\boldsymbol{e}_k, \boldsymbol{\eta}_k] = 0 \tag{6.17}$$

が成り立つことに注意する．$f(\boldsymbol{x})$ の極小を求めている場合には，$\nabla^2 f(\boldsymbol{x}_k) > 0$ が期待できるので，(6.17) に (6.16) を代入すると

$$\alpha_k = -\frac{\nabla^2 f(\boldsymbol{x}_k)[\boldsymbol{e}_k, \nabla f(\boldsymbol{x}_k)]}{\nabla^2 f(\boldsymbol{x}_k)[\boldsymbol{e}_k, \boldsymbol{e}_k]} \tag{6.18}$$

が得られる．

そこで $\boldsymbol{x}_k$ を通り，方向

$$\boldsymbol{\eta}_k = \nabla f(\boldsymbol{x}_k) + \alpha_k \boldsymbol{e}_k$$

を持つ直線

$$\boldsymbol{x} = \boldsymbol{x}_k + s\boldsymbol{\eta}_k, \quad s \in \mathbb{R}$$

上で $f(\boldsymbol{x})$ が極小となる点を求めて $\boldsymbol{x}_{k+1}$ とする．これは**直線探索**の一種で，最適の s を求めるために，$\boldsymbol{\eta}_k$ が $\boldsymbol{x}_{k+1}$ において $f(\boldsymbol{x})$ の**レベル集合**

$$\{\boldsymbol{x} \mid f(\boldsymbol{x}) = 定数\}$$

に接する条件 $\boldsymbol{\eta}_k \cdot \nabla f(\boldsymbol{x}_{k+1}) = 0$ を適用する．すなわち

$$\boldsymbol{\eta}_k \cdot \nabla f(\boldsymbol{x}_k + s\boldsymbol{\eta}_k) = 0 \tag{6.19}$$

を満たす $s \in \mathbb{R}$ で，$|s|$ が最小となるものを s_k として

$$\boldsymbol{x}_{k+1} = \boldsymbol{x}_k + s_k\boldsymbol{\eta}_k$$

と定める．

直線探索やニュートン法を用いた精度計算の方法については第 19 章で述べる．

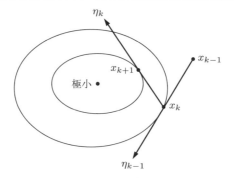

図 6.6 共役勾配法

章末問題

関数 $f(x,y) = x^3 + y^3 - 9xy + 1$ の臨界点を求め，極小，極大，鞍点を判定せよ．

ねらい 勾配で臨界点が求め，ヘッセ行列の固有値の符号を判定してその臨界点を分類する．関数の最適化をグラフの形状と結び付けて理解する．

● **コラム6　モース理論**

臨界点の近傍での関数の状況は，退化しない場合にはヘッセ行列に支配される．一方個々の臨界点は互いに関連を持ち，それらの状態を勝手に与えることはできない．前者は**局所理論**，後者が**大域理論**である．**モース理論**は後者に属するもので，例えば有限曲面の境界を固定して連続的に変形していくと，極小点，極大点，鞍点が発生するが，これらの数の間に一定の関係が保存されていることを説明するものである．モース理論は，有限次元，無限次元の非線形問題の数学解析で威力を発揮する．

7 制約付き最適化

前章では制約条件がない場合に関数の極小や最小を求める方法について述べたが，データサイエンスにおける最適化問題は制約条件が付いていることが多い．そのような例として第 III 部で線形計画法を取り上げるが，本章では制約付き最適化の一般論を扱う．最初に例を示し，陰関数表示された 2 次曲面を分類して制約条件が局所的に陽的表示されることを確認する．次に制約付き最適化問題解法の基礎となるラグランジュ乗数原理を述べ，その導出の基礎となっている陰関数定理について解説する．

7.1 ● 例

最適輸送問題は線形計画法で解くことができる制約付き最適化問題である．生産地 P_i, $1 \leq i \leq r$ から消費地 M_j, $1 \leq j \leq s$ に輸送するにあたり，輸送単価費用を c_{ij}，出荷量を x_{ij} とすれば

$$K = \sum_{i=1}^{r} \sum_{j=1}^{s} c_{ij} x_{ij} \tag{7.1}$$

が総輸送費用であり，

$$p_i = \sum_{j=1}^{s} x_{ij}, \quad 1 \leq i \leq r \tag{7.2}$$

が P_i から総出荷量，

$$m_j = \sum_{i=1}^{r} x_{ij}, \quad 1 \leq j \leq s$$

が消費地 M_j への総入荷量で，これらの間に成り立つ式

$$\sum_{i=1}^{r} p_i = \sum_{j=1}^{s} m_j$$

は，総生産量が総出荷量と等しいということを表している．

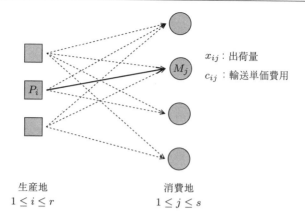

x_{ij}：出荷量

c_{ij}：輸送単価費用

生産地
$1 \leq i \leq r$

消費地
$1 \leq j \leq s$

図 7.1　最適輸送問題

　例えば各生産地の総生産量 p_i, $1 \leq i \leq r$ のみを与え，(7.2) の下で (7.1) で定まる輸送総費用 K を最小にする問題を考える場合には，

$$x_{ij}, \quad 1 \leq i \leq r,\ 1 \leq j \leq s$$

が求めるパラメータで，(7.2) が制約条件となる.

　線形計画法は汎用性が高いが，それ以外の制約付き最適化問題も多い．次の例題は，連続的に変化する関数に関する制約付き最適化である.

例題 7.1　単位円 $x^2 + y^2 = 1$ 上で関数 $z = xy$ の最大・最小を求めよ.

解　制約条件 $f(x,y) \equiv x^2 + y^2 - 1 = 0$ は,

$$(x, y) \neq (\pm 1, 0) \tag{7.3}$$

のときは $y = \pm\sqrt{1 - x^2}$（複合同順）で

$$z = \pm x\sqrt{1 - x^2}, \quad -1 < x < 1 \tag{7.4}$$

となり,

$$(x, y) \neq (0, \pm 1) \tag{7.5}$$

のときは $x = \pm\sqrt{1 - y^2}$（複合同順）で

$$z = \pm y\sqrt{1 - y^2}, \quad -1 < y < 1 \tag{7.6}$$

となる．(7.4), (7.6) はそれぞれ x, y について微分可能であるので，導関数をゼロと置いて臨界点をすべて求め，z の値を調べる．

集合 $S = \{(x, y) \mid f(x, y) = 0\}$ は平面 $\mathbb{R}^2$ 上の単位円であり，条件 (7.3), (7.5) のいずれかによって，S 全体を覆うので，これらの値によって z の最大，最小は尽くされる．特に最大値 $z = \dfrac{1}{2}$，最小値 $z = -\dfrac{1}{2}$ が得られる．

この例題で用いた

$$y = \pm\sqrt{1 - x^2}, \quad -1 < x < 1$$

や

$$x = \pm\sqrt{1 - y^2}, \quad -1 < y < 1$$

は曲線（単位円）

$$x^2 + y^2 = 1$$

の**パラメータ表示**であるとみなすことができる．この場合

$$y = \pm\sqrt{1 - x^2}$$

は定義域の端点 $x = \pm 1$ で微分不可能であり，

$$x = \pm\sqrt{1 - y^2}$$

についても同様に $y = \pm 1$ で微分不可能である．ここではそれぞれのパラメータによって曲線の一部を表すことができ，曲線全体は二つのパラメータを接続することで表示されていることになる．

7.2 ● 曲面のパラメータ表示

この節では趣向を変えて x, y, z の 2 次多項式 $f(x, y, z)$ を用いて

$$\mathcal{M} = \{(x, y, z) \mid f(x, y, z) = 0\} \tag{7.7}$$

で表示される曲面 $\mathcal{M}$ を見てみる．以下に示すのはその標準形で，$\mathcal{M}$ 上常に

$$\nabla f(x, y, z) = 0$$

が成り立つときは，変数変換によって下の 5 つに分類されることが知られている．a, b, c, p, q はいずれも正の定数である．

(1)　$\dfrac{x^2}{a^2} + \dfrac{y^2}{b^2} + \dfrac{z^2}{c^2} = 1$　　(2)　$\dfrac{x^2}{2p} + \dfrac{y^2}{2q} = z$

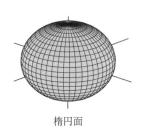

楕円面

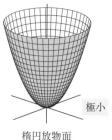

極小

楕円放物面

(3)　$\dfrac{x^2}{a^2} + \dfrac{y^2}{b^2} - \dfrac{z^2}{c^2} = 1$　(4)　$\dfrac{x^2}{a^2} + \dfrac{y^2}{b^2} - \dfrac{z^2}{c^2} = -1$　(5)　$\dfrac{x^2}{2p} - \dfrac{y^2}{2q} = z$

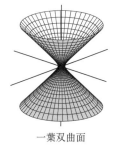

一葉双曲面

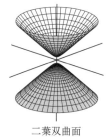

二葉双曲面

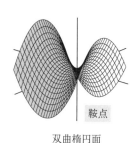

鞍点

双曲楕円面

臨界点は極小や極大ばかりではない

図 7.2　2 次曲面の分類

　この図のいくつかは $z = f(x, y)$ のグラフと見ることができる．例えば楕円
放物面は原点を極小点とし，双曲楕円面は原点を鞍点としている．二葉双曲面
は連結でない二つの部分に分かれているが，それぞれは $z = f(x, y)$ のグラフ
と見ることができる．一葉双曲面や楕円面は連結であるが，xy 平面で切断し
て二つの部分にわければ $z = f(x, y)$ のグラフとなる一方，xy 平面上に定義域
に含まれない領域が現れる．

　いずれの場合も，2 変数のパラメータ (u, v) を用いると，曲面の一部を

$$x = x(u, v),\ y = y(u, v),\ z = z(u, v) \tag{7.8}$$

のように表すことができる．これが**曲面のパラメータ表示**である．

7.3 ● ラグランジュ乗数原理

　一般に条件 $f(x, y) = 0$ の下で 2 変数関数 $z = g(x, y)$ を最小化しようとする場合，例題 7.1 のように，例えば $f(x, y) = 0$ を $y = h(x)$ と解くことができれば，x の 1 変数関数 $z(x) = g(x, h(x))$ を最小化すればよい.

　実際，$z(x)$ が $x = x_0$ で最小値を達成したとすると，形式的に微分して条件

$$z'(x_0) = g_x(x_0, h(x_0) + g_y(x_0, h(x_0))h'(x_0) = 0 \tag{7.9}$$

が得られる. 一方 $f(x, h(x)) = 0$ より，x について同じように微分すると

$$f_x(x, h(x)) + f_y(x, h(x))h'(x) = 0$$

従って

$$f_y(x_0, y_0) \neq 0, \quad y_0 = h(x_0) \tag{7.10}$$

の場合には

$$h'(x_0) = -\frac{f_x(x_0, y_0)}{f_y(x_0, y_0)}$$

となり，(7.9) より

$$g_x(x_0, y_0) - \frac{g_y(x_0, y_0)f_x(x_0, y_0)}{f_y(x_0, y_0)} = 0 \tag{7.11}$$

となる.

　ここで

$$\lambda = \frac{g_y(x_0, y_0)}{f_y(x_0, y_0)}$$

とすると (7.11) から

$$g_x(x_0, y_0) = \lambda f_x(x_0, y_0), \quad g_y(x_0, y_0) = \lambda f_y(x_0, y_0)$$

が得られる. この式は勾配作用素を用いてより簡略に

$$\nabla g(x_0, y_0) = \lambda \nabla f(x_0, y_0) \tag{7.12}$$

と書くことができる. 一方制約条件から

$$f(x_0, y_0) = 0 \tag{7.13}$$

(7.12)-(7.13) を連立させると, 3 つの方程式から 3 つの未知数 (x_0, y_0, λ) を求めることができる. また (7.12)-(7.13) は, (x_0, y_0, λ) が 3 変数関数

$$L(x, y, \lambda) = g(x, y) - \lambda f(x, y)$$

の臨界点となっていることを示している.

これは次の定理で一般化される**ラグランジュ乗数原理**の特別な場合で, 上記 $L(x, y, \lambda)$ を**ラグランジュ関数**また λ を**ラグランジュ乗数**という.

定理 7.1 n 変数関数 $f(\boldsymbol{x})$, $g(\boldsymbol{x})$ は $\boldsymbol{x} = (x_1, \ldots, x_n)$ について連続微分可能であるとする. また $\boldsymbol{x}_0$ は制約条件 $f(\boldsymbol{x}) = 0$ の下で $g(\boldsymbol{x})$ の臨界点であり

$$\nabla f(\boldsymbol{x}_0) \neq \boldsymbol{0} \tag{7.14}$$

が成り立つとする. このときラグランジュ乗数 λ が存在して

$$\nabla g(\boldsymbol{x}_0) = \lambda \nabla f(\boldsymbol{x}_0)$$

が成り立つ. $f(\boldsymbol{x}_0) = 0$ も考慮すると, $(\boldsymbol{x}_0, \lambda) \in \mathbb{R}^{n+1}$ はラグランジュ関数

$$L(\boldsymbol{x}, \lambda) = g(\boldsymbol{x}) - \lambda f(\boldsymbol{x})$$

の臨界点である.

制約条件が

$$f_i(\boldsymbol{x}) = 0, \quad 1 \leq i \leq n$$

のように複数ある場合には n 個のラグランジュ乗数 $\lambda_1, \ldots, \lambda_n$ と $\mathbb{R}^n$ の内積 · を用いて

$$L(\boldsymbol{x}, \boldsymbol{\lambda}) = g(\boldsymbol{x}) - \boldsymbol{\lambda} \cdot \boldsymbol{f}(\boldsymbol{x})$$

とする. ただし

$$\boldsymbol{f}(\boldsymbol{x}) = \begin{pmatrix} f_1(\boldsymbol{x}) \\ \vdots \\ f_n(\boldsymbol{x}) \end{pmatrix}, \quad \boldsymbol{\lambda} = \begin{pmatrix} \lambda_1 \\ \vdots \\ \lambda_n \end{pmatrix}$$

である.

定理 7.1 の証明は次で述べる**陰関数定理**による. この定理は,

$$\boldsymbol{x}_0 = (x_{01}, \ldots, x_{0n})$$

の近傍で $f(x_1, \ldots, x_n) = 0$ をいずれかの変数，例えば x_n について解いて

$$x_n = h(x_1, \ldots, x_{n-1})$$

のように表示することを保証するものである．

　上述の 2 変数の場合では，(7.10) が成り立つと (x_0, y_0) の近傍で $f(x, y) = 0$ が $y = h(x)$ のように解ける．(7.14) は $L(\boldsymbol{x}, \lambda)$ の臨界点 $(\boldsymbol{x}_0, \lambda)$ のうち，$\boldsymbol{x}_0$ に対して要請されたもので，等式 $f(\boldsymbol{x}) = 0$ が要請された制約を過不足なく表現していることを表す条件である．このような条件は広く**制約想定**と呼ばれている．

定理 7.2 n 変数関数 $f(\boldsymbol{x})$ において

$$\boldsymbol{x} = (\boldsymbol{x}', y),\ \boldsymbol{x}' = (x_1, \ldots, x_{n-1}) \in \mathbb{R}^{n-1},\ y = x_n \in \mathbb{R}$$

とし，$f(\boldsymbol{x})$ は $(\boldsymbol{x}', y)$ について連続，y について連続微分可能，また

$$(\boldsymbol{x}'_0, y_0) \in \mathbb{R}^{n-1} \times \mathbb{R}$$

において

$$f(\boldsymbol{x}'_0, y_0) = 0,\quad f_y(\boldsymbol{x}'_0, y_0) \neq 0$$

が成り立つものとすると $\boldsymbol{x}'_0$ の近傍の連続関数 $y = h(\boldsymbol{x}')$ で

$$h(\boldsymbol{x}'_0) = y_0,\quad f(\boldsymbol{x}', h(\boldsymbol{x}')) = 0,\ |\boldsymbol{x}' - \boldsymbol{x}'_0| \ll 1$$

を満たすものがただ一つ存在する．

章末問題

ラグランジュ関数

$$L(x, y, \lambda) = 2x + 3y + \lambda(x^2 + y^2 - 1)$$

を用いて，単位円 $x^2 + y^2 = 1$ 上での $2x + 3y$ の最大，最小を求めよ．

ねらい ラグランジュ乗数原理は，ラグランジュの**未定乗数法**とも呼ばれる．3 変数関数 $L(x, y, \lambda)$ の臨界点を求めて，最大点，最小点の候補を絞り込む．

● コラム7　多様体

　制約条件 $f(x,y,z)=0$ の下で，関数 $g(x,y,z)$ を最小にする問題は，(7.7) で定める曲面 $\mathcal{M}$ 上で $g=g(x,y,z)$ を最小にすることである．例題 7.1 では曲線について述べたが，曲面の場合でも，その一部であれば (7.8) のようにパラメータ表示することができる．

　曲面全体を表示するには，パラメータ表示をいくつか用いて全体をカバーすればよいが，その場合，2 つのパラメータが同じ領域を表示している部分についてそれらのパラメータの変換に関する規則を用意しておく必要がある．例えば，地球全体をカバーする地図帳を作るために，地図は最低限 2 枚必要であり，下図はリーマン球からのステレオグラフィック写像でこのことが達成されることを示している．この場合 2 枚の地図（パラメータ表示）の間の変換則を導入すると，コンピュータビジョンで地球全体を可視化することができる（図 7.3）．

　多様体は地図，地図帳，変換則を備えた数学的な対象で，制約付き最適化問題は，多様体上の関数を最小にしたり，最大にしたりする問題に置き換えることができる．

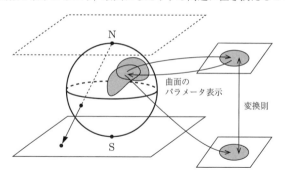

図 7.3　多様体の概念

8 積分

前章までで，微分演算を用いた勾配の導出と，最適化問題の解き方を明らかにした．本章は微分の逆演算である積分について述べる．非負関数の定積分は図形の面積と結びつけることができる．ルベーグ積分で定符号でない関数を扱うとき用いる可積分性は，絶対収束の考え方を用いて $\infty - \infty$ の不定性を避けたものであるが，この方法を用いると，広義積分も統一的な扱いをすることができるようになる．本章で扱うのはリーマン積分の基礎であり，定積分の収束，微積分学の基本定理，重積分と逐次積分，積分の変数変換について述べる．重積分の変換では行列式が現れる．

8.1 ● リーマン積分の収束

$f(x)$ を区間 $[a, b]$ 上の関数とする．区間 $[a, b]$ の**分割**

$$\Delta : x_0 = a < x_1 < \cdots < x_n = b$$

において小区間での**代表点** $\xi_i \in [x_{i-1}, x_i]$, $i = 1, \ldots, n$ をとり，$[a, b]$ 上の $f(x)$ の定積分に関する**リーマン近似**を

$$S_{\Delta, \boldsymbol{\xi}} = \sum_{i=1}^{n} f(\xi_i) \Delta x_i, \quad \Delta x_i = x_i - x_{i-1}, \quad \boldsymbol{\xi} = (\xi_1, \ldots, \xi_n)$$

で定める．

実際，**定積分**はリーマン近似において**刻み巾**をゼロにもっていった

$$\|\Delta\| \equiv \max_{1 \leq i \leq n} \Delta x_i \ \to \ 0$$

での極限をさす．この極限

$$\lim_{\|\Delta\| \to 0} S_{\Delta, \boldsymbol{\xi}} = S \tag{8.1}$$

が，代表点の取り方や分割の仕方によらずに存在することを，$f(x)$ は**リーマン積分可能**であるといい，

$$S = \int_a^b f(x)\, \mathrm{d}x$$

と書く.

　極限 (8.1) において，分割 Δ や代表元 ξ_i の取り方の任意性が高く，リーマン積分可能である関数は強い制約を受けるが，連続性があれば大丈夫である.

定理 8.1　有界閉区間 $[a,b]$ 上の連続関数はリーマン積分可能である.

　この定理が成り立つのは，代表点に関する上限と下限が細分に関して順序構造をもつこと（**ダルブーの定理**）と，有界閉区間上の連続関数が**一様連続**であることによる. 実際の証明は，以下の手順により，コラム 8 で述べる極限の取り扱い方を用いて行う. 詳細は読者の演習問題とする.

(1)　分割 Δ を固定して，代表点についての上限 $\overline{S}_\Delta$ と下限 $\underline{S}_\Delta$ を取る:

$$\overline{S}_\Delta = \sup_{\boldsymbol{\xi}} S_{\Delta,\boldsymbol{\xi}}, \quad \underline{S}_\Delta = \inf_{\boldsymbol{\xi}} S_{\Delta,\boldsymbol{\xi}}$$

(2)　分割 Δ, Δ' を合成したものを $\Delta \cap \Delta'$ とする. $\Delta \cap \Delta'$ は Δ や Δ' の**細分**である. このとき，ダルブーの定理

$$\underline{S}_\Delta \leq \underline{S}_{\Delta\cap\Delta'} \leq \overline{S}_{\Delta\cap\Delta'} \leq \overline{S}_{\Delta'}$$

が成り立つ.

(3)　前項により

$$\overline{S} = \inf_\Delta \overline{S}_\Delta, \quad \underline{S} = \sup_\Delta \underline{S}_\Delta$$

に対して

$$\underline{S}_\Delta \leq \underline{S} \leq \overline{S} \leq \overline{S}_\Delta$$

が成り立つ. ただし Δ は任意の分割である.

(4)　$f(x)$ の一様連続性を用いて

$$\lim_{\|\Delta\|\to 0} (\overline{S}_\Delta - \underline{S}_\Delta) = 0$$

を示す.

●**広義積分**●　半無限区間 $[a,\infty)$ 上の連続関数 $f(x)$ は

$$\sup_{b>a} \int_a^b |f(x)|\,\mathrm{d}x = \lim_{b\to\infty} \int_a^b |f(x)|\,\mathrm{d}x < +\infty$$

であるとき**可積分**という．このとき

$$0 \le f_\pm(x) = \max\{0, \pm f(x)\}$$

も連続で

$$\int_a^\infty f_\pm(x)\,\mathrm{d}x < +\infty$$

となり

$$\int_a^\infty f(x)\,\mathrm{d}x = \int_a^\infty f_+(x)\,\mathrm{d}x - \int_a^\infty f_-(x)\,\mathrm{d}x$$

が収束する．この値を $f(x)$ の $[a,\infty)$ 上の広義積分という．半無限区間 $(-\infty, b]$，全域 $(-\infty, \infty)$ 上の広義積分も同様にして定義される．

8.2 ● 微積分学の基本定理

$f(x)$ が $[a,b]$ 上連続であるとき

$$F(x) = \int_a^x f(x)\,\mathrm{d}x, \quad a \le x \le b \tag{8.2}$$

は (a,b) 上微分可能で

$$F'(x) = f(x) \tag{8.3}$$

となる．実際，$a < x_0 < b$ を固定すると $|h| \ll 1$ に対し

$$\frac{F(x_0+h) - F(x_0)}{h} - f(x_0) = \frac{1}{h}\int_{x_0}^{x_0+h} f(x) - f(x_0)\,\mathrm{d}x$$

これより

$$\left| \frac{F(x_0+h) - F(x_0)}{h} - f(x_0) \right| \le \left| \frac{1}{h}\int_{x_0}^{x_0+h} |f(x) - f(x_0)|\,\mathrm{d}x \right|$$

となり，章末に述べる $\varepsilon\text{-}\delta$ 論法を用いると，$f(x)$ が x_0 で連続であることから，右辺は $h \to 0$ でゼロに収束することがわかる．このことを**積分の平均値の定理**という．

(8.3) より，(8.2) で定める $F(x)$ に対し，$F'(x)$ は $[a,b]$ 上連続であり

$$\int_a^x F'(x)\,\mathrm{d}x = F(x)$$

を満たす.ここで $F(a) = 0$ であり,定数関数の微分が恒等的にゼロであることから,次の定理が成り立つことがわかる.これを**微積分学の基本定理**という.ここで $F(x)$ が $[a, b]$ 上連続微分可能であるとは,(a, b) 上微分可能で,その導関数が $[a, b]$ 上連続になることをいう.

定理 8.2 有界閉区間 $[a, b]$ 上連続微分可能な関数 $F(x)$ は

$$\int_a^b F'(x)\,\mathrm{d}x = F(b) - F(a)$$

を満たす.

一般に $F' = f$ となる $F(x)$ を f の**原始関数**,また定数を加えるだけの自由度があることから,**不定積分**といい,

$$F = \int f(x)\,\mathrm{d}x$$

で表す.f, g の原始関数を F, G とすると,微分演算の線形性から定数 a, b に対して

$$\{aF(x) + bG(x)\}' = af(x) + bg(x)$$

となり,積分すると

$$\int af(x) + bg(x)\,\mathrm{d}x = a \int f(x)\,\mathrm{d}x + b \int g(x)\,\mathrm{d}x$$

が得られる.

● **部分積分** ● 被積分関数を,積分しやすい関数 $f(x)$ と微分しやすい関数 $g(x)$ の積に分解すると不定積分を求めることができる.

部分積分では,式 (2.3)

$$\{f(x)g(x)\}' = f'(x)g(x) + f(x)g'(x)$$

より得られる

$$\int f'(x)g(x) + f(x)g'(x)\,\mathrm{d}x = f(x)g(x) + c$$

の左辺を

$$\int f'(x)g(x)\,\mathrm{d}x + \int f(x)g'(x)\,\mathrm{d}x = f(x)g(x) + c$$

のように分割し，移項して積分定数 c を省略した

$$\int f'(x)g(x)\,\mathrm{d}x = f(x)g(x) - \int f(x)g'(x)\,\mathrm{d}x$$

として得られる．この式はまた

$$\int g\,\mathrm{d}f = fg - \int f\,\mathrm{d}g$$

とも書く．

グリーンの公式は $f(x)$ の 2 階導関数 $f''(x) = (f'(x))'$ に対して部分積分を適用したものである：

$$\int f''g\,\mathrm{d}x = f'g - \int f'g'\,\mathrm{d}x$$

8.3 ● 重積分

多変数関数を積分したものが重積分である．2 変数関数 $f(x,y)$ について述べると，積分域を $D \subset \mathbb{R}^2$ とするとき，その上の $f(x,y)$ の重積分

$$\iint_D f(x,y)\,\mathrm{d}x\mathrm{d}y$$

は，D を長方形 $D_{ij} = [x_{i-1}, x_i] \times [y_{j-1}, y_j]$ で内分割したもので近似し，代表点 $\zeta_{ij} = (\xi_i, \eta_j) \in D_{ij}$ を任意にとったときのリーマン近似和

$$S_{\Delta,\zeta} = \sum_{ij} f(\xi_i, \eta_j)\Delta_{ij}, \quad \zeta = (\zeta_{ij})$$

の，刻み巾

$$\|\Delta\| \equiv \max_{ij} \Delta_{ij} \ \rightarrow \ 0$$

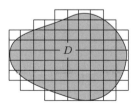

図 8.1　重積分

における極限である．ただし

$$\Delta = \{D_{ij}\}, \quad \Delta_{ij} = (x_i - x_{i-1}) \cdot (y_j - y_{j-1})$$

とする．1 変数の場合と同様に，有界閉領域 D 上の連続関数 $f(x,y)$ はリーマン積分可能である．

●**積分順序の交換**● 　重積分は**逐次積分**に変更することができ，このことを**フビニの定理**という．次の定理の (8.4)-(8.5) をまとめた式

$$\iint_D f(x,y)\,\mathrm{d}x\mathrm{d}y = \int_a^b \left[\int_{\psi_1(x)}^{\psi_2(x)} f(x,y)\,\mathrm{d}y \right] \mathrm{d}x$$

の右辺が，y で積分後 x で積分するという，逐次積分である．

定理 8.3 有界閉区間 $[a,b]$ 上の連続関数 $y = \psi_1(x)$, $y = \psi_2(x)$ は常に $\psi_1(x) \le \psi_2(x)$ を満たし，有界閉領域 $D \subset \mathbb{R}^2$ は

$$D = \{(x,y) \mid a \le x \le b,\ \psi_1(x) \le y \le \psi_2(x)\}$$

で与えられているものとすると，D 上の連続関数 $f(x,y)$ の重積分は

$$\iint_D f(x,y)\,\mathrm{d}x\mathrm{d}y = \int_a^b S(x)\,\mathrm{d}x \tag{8.4}$$

を満たす．ただし

$$S(x) = \int_{\psi_1(x)}^{\psi_2(x)} f(x,y)\,\mathrm{d}y,\ a \le x \le b \tag{8.5}$$

である．

証明 　$f(x,y) \ge 0$ としてよい．$[a,b]$ の分割を

$$\Delta : a = x_0 < x_1 < \cdots < x_n = b$$

刻み巾を

$$\|\Delta\| = \max_{1 \le i \le n} \Delta x_i,\ \Delta x_i = x_i - x_{i-1}$$

代表点を $\xi_i \in [x_{i-1}, x_i]$ とする．(8.5) で定める $S(x)$ に対し，$S(\xi_i)$ は物体

$$\mathcal{O} = \{(x,y,z) \mid (x,y) \in D,\ 0 \le z \le f(x,y)\} \subset \mathbb{R}^3$$

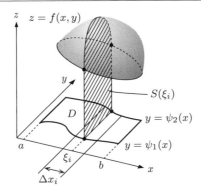

図 8.2 逐次積分

を平面 $x = \xi_i$ で切断した断面の面積であるから，重積分の定義より

$$\iint_D f(x, y)\,\mathrm{d}x\mathrm{d}y = \lim_{\|\Delta\| \to 0} \sum_{i=1}^{n} S(\xi_i)\Delta x_i$$

が成り立つ．1 変数関数の積分の定義から右辺は

$$\int_a^b S(x)\,\mathrm{d}x$$

となる．

　最も簡単な場合である閉長方形

$$K = \{(x, y) \mid a \le x \le b,\ c \le y \le d\}$$

では

$$\iint_K f(x, y)\,\mathrm{d}x\mathrm{d}y = \int_a^b \left[\int_c^d f(x, y)\,\mathrm{d}y\right]\mathrm{d}x = \int_c^d \left[\int_a^b f(x, y)\,\mathrm{d}x\right]\mathrm{d}y$$

となる．

例 8.1　$f(x, y) = 2 - x^2 - y^2$, $K = [-1, 1] \times [-1, 1]$ に対して

$$\iint_K f(x, y)\,\mathrm{d}x\mathrm{d}y$$

を逐次積分で求める．K が閉長方形であるので，例えば x で区間積分してから

y で積分する.

$$\iint_K f = \int_{-1}^1 \int_{-1}^1 f(x,y)\,\mathrm{d}x\mathrm{d}y = \int_{-1}^1 \Big[(2-y^2)x - \frac{1}{3}x^3 \Big]_{-1}^1 \,\mathrm{d}y$$

$$= \int_{-1}^1 -2y^2 + \frac{10}{3}\,\mathrm{d}y = \Big[-\frac{2}{3}y^3 + \frac{10}{3}y \Big]_{-1}^1 = \frac{16}{3}$$

例 8.2   重積分

$$\iint_D \frac{y+1}{x}\,\mathrm{d}x\,\mathrm{d}y, \quad D = \{(x,y) \mid 1 \le x \le 2,\ 0 \le y \le x^2\}$$

を逐次積分で求める. y の変域が x に依存するので y から積分する.

$$\int_1^2 \int_0^{x^2} \frac{y+1}{x}\,\mathrm{d}y\,\mathrm{d}x = \int_1^2 \left[\frac{\frac{y^2}{2}+y}{x} \right]_0^{x^2} \mathrm{d}x = \int_1^2 \left(\frac{x^3}{2} + x \right)\mathrm{d}x$$

$$= \left[\frac{x^4}{8} + \frac{x^2}{2} \right]_1^2 = (2+2) - \left(\frac{1}{8} + \frac{1}{2} \right) = \frac{27}{8}$$

例 8.3   重積分

$$\iint_D x^2\,\mathrm{d}x\mathrm{d}y, \quad D = \{(x,y) \mid x \ge 0,\ y \ge 0,\ 2x+y \le a\}$$

では, D は $y \le a-2x$, $x \ge 0$, $y \ge 0$ で囲まれる領域で, x が 0 から $\frac{1}{2}a$ まで動く間に, y は 0 から $a-2x$ で動く. そこで

$$D = \Big\{ (x,y) \ \Big| \ 0 \le x \le \frac{1}{2}a,\ 0 \le y \le a-2x \Big\}$$

として逐次積分に変換する.

　非有界領域上の積分であっても, 被積分関数が可積分であるときはフビニの定理が成り立ち, 積分順序を交換することができる. また非負連続関数については積分値無限大を許せば, 常に積分順序を交換することができる.

●変数変換● uv 平面上の, 区分的に滑らかな境界をもつ有界閉領域 E を xy 平面上の区分的に滑らか境界を持つ有界閉領域 D に写す写像 T を

$$x = x(u,v),\ y = y(u,v) \tag{8.6}$$

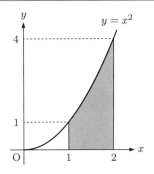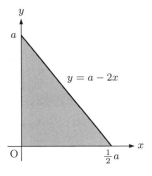

図 8.3　例 8.2, 例 8.3 の積分領域

とする. T が全単射で, $x(u,v)$, $y(u,v)$ が (u,v) について連続微分可能, また逆写像

$$u = u(x,y), \ v = v(x,y)$$

も (x,y) について連続微分可能であるとき, E, D は互いに**微分同相**, T を**微分同相写像**という. このとき D 上の (x,y) に関する連続関数 $f(x,y)$ を, (8.6) によって E 上の (u,v) に関する連続関数とみなすことができる. このとき f の重積分は次の変換を受ける. ただし

$$\frac{\partial(x,y)}{\partial(u,v)} = x_u y_v - x_v y_u$$

はヤコビ行列

$$\begin{pmatrix} x_u & x_v \\ y_u & y_v \end{pmatrix}$$

の行列式で, **ヤコビアン**と呼ぶ.

定理 8.4　以下が成り立つ

$$\iint_D f(x,y)\,\mathrm{d}x\mathrm{d}y = \iint_E f(x(u,v),y(u,v)) \left| \frac{\partial(x,y)}{\partial(u,v)} \right| \mathrm{d}u\mathrm{d}v$$

証明の概略は以下の通りである. 右辺を求めるため, D を長方形に分割して近似し, 次にその T による像によって E を分割して近似する. 次に長方形の各像において 代表点を取って f の値を代入し, その像の面積をかけて輪を取っ

てリーマン近似を構成する. 重積分の定義から, もとの分割の刻み巾をゼロに
持って行ったときの, このリーマン近似の極限が右辺になる.

そこで, ヤコビアンの絶対値

$$\left| \frac{\partial(x, y)}{\partial(u, v)} \right| \tag{8.7}$$

が T によって E 上の小長方形 G が D 内の図形 H に写像されるとき, 両者の
面積比 $|H|/|G|$ を「無限小で」近似していることを確認する.

実際, 全微分の公式から $(u, v) \to (u_0, v_0)$ において

$$x(u, v) = x(u_0, v_0) + x_u(u_0, v_0)(u - u_0) + x_v(u_0, v_0)(v - v_0)$$
$$+ o(\sqrt{(u - u_0)^2 + (v - v_0)^2})$$

$$y(u, v) = y(u_0, v_0) + y_u(u_0, v_0)(u - u_0) + y_v(u_0, v_0)(v - v_0)$$
$$+ o(\sqrt{(u - u_0)^2 + (v - v_0)^2})$$

である. 従って

$$X = x(u, v) - x(u_0, v_0), \; Y = x(u, v) - y(u_0, v_0)$$
$$U = u - u_0, \; V = v - v_0$$

とおくと

$$A = \begin{pmatrix} x_u(u_0, v_0) & x_v(u_0, v_0) \\ y_u(u_0, v_0) & y_v(u_0, v_0) \end{pmatrix}$$

に対して

$$\begin{pmatrix} X \\ Y \end{pmatrix} = A \begin{pmatrix} U \\ V \end{pmatrix} + o(1)$$

であり, 写像 T は $(u_0, v_0) \mapsto (x(u_0, v_0), y(u_0, v_0))$ の近傍で線形変換 A の平
行移動で近似される.

A の行列式 $\det A$ は, この線形変換で写像される平行四辺形の符号付面積比
を表し, 符号は xy 座標が右手系, 左手系に写像されるかどうかによって定ま
るので, $|H|/|G|$ が (8.7) で近似されることがわかる.

●n **変数の変数変換●** 2 変数の場合と同様に, 多変数の微分同相写像

$$\boldsymbol{x} = (x_j) : E \subset \mathbb{R}^n \to D = f(E) \subset \mathbb{R}^n$$

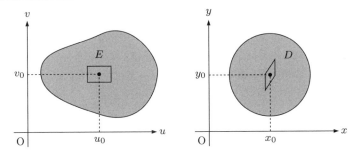

図 8.4 変数変換

については，この変換を

$$x_j = x_j(u_1, \ldots, u_n),\ 1 \le j \le n$$

とすると，

$$\int_D f(x_1, \ldots, x_n)\,\mathrm{d}x_1 \cdots \mathrm{d}x_n$$

$$= \int_E f(x_1(u_1, \ldots, u_n), \ldots, x_n(u_1, \ldots, u_n)) \cdot \left| \frac{\partial(x_1, \ldots, x_n)}{\partial(u_1, \ldots, u_n)} \right| \mathrm{d}u_1 \cdots \mathrm{d}u_n$$

(8.8)

が得られる．ここで

$$\frac{\partial(x_1, \ldots, x_n)}{\partial(u_1, \ldots, u_n)}$$

はコラム 3 で述べた n 変数のヤコビアンである．

例題 8.1 等式

$$I \equiv \int_{-\infty}^{\infty} e^{-x^2}\,\mathrm{d}x = \sqrt{\pi} \tag{8.9}$$

を示せ．

解 フビニの定理を用いて逐次積分を重積分に直すと

$$I^2 = \int_{-\infty}^{\infty} e^{-x^2}\,\mathrm{d}x \cdot \int_{-\infty}^{\infty} e^{-y^2}\,\mathrm{d}y = \int_{-\infty}^{\infty} \int_{-\infty}^{\infty} e^{-(x^2+y^2)}\,\mathrm{d}x\mathrm{d}y$$

$$= \iint_{\mathbb{R}^2} e^{-(x^2+y^2)}\,\mathrm{d}x\mathrm{d}y$$

極座標変換 $x = r\cos\theta$, $y = r\sin\theta$, $r > 0$, $0 \le \theta < 2\pi$ のヤコビアンを求めると，

$$\frac{\partial(x,y)}{\partial(u,v)} = \det\begin{pmatrix} x_r & x_\theta \\ y_r & y_\theta \end{pmatrix} = \begin{vmatrix} \cos\theta & -r\sin\theta \\ \sin\theta & r\cos\theta \end{vmatrix}$$

$$= r\cos^2\theta + r\sin^2\theta = r$$

となり，変数変換の公式から

$$I^2 = \int_0^\infty \int_0^{2\pi} e^{-r^2} \left| \frac{\partial(x,y)}{\partial(r,\theta)} \right| \mathrm{d}r\mathrm{d}\theta = \int_0^\infty \int_0^{2\pi} e^{-r^2} r \, \mathrm{d}r\mathrm{d}\theta$$

が得られる．もう一度フビニの定理を適用すると

$$I^2 = 2\pi \int_0^\infty e^{-r^2} r \, \mathrm{d}r = 2\pi \left[-\frac{e^{-r^2}}{2} \right]_{r=0}^{r=\infty} = \pi$$

となり，(8.9) が得られる．

章末問題

ディリクレ関数

$$f(x) = \begin{cases} 1, & x \in \mathbb{R} \setminus \mathbb{Q} \\ 0, & x \in \mathbb{Q} \end{cases}$$

は $[0,1]$ 上リーマン積分可能でないことを示せ．また $\mathbb{R}$ 上いたる所連続でないことを直接示せ．

ねらい　リーマン近似の安定性が被積分関数の連続性から保証されることを確認する．前半は定義に基づいてリーマン近似が，分割の仕方や代表点の取り方を変えることで，刻み巾をゼロに持っていくとき一定の値に収束しないことを示す．後半は，$f(x)$ が x_0 で連続であることを

$$\lim_{k \to \infty} x_k = x_0 \implies \lim_{k \to \infty} f(x_k) = f(x_0)$$

で書き直し，$x_k \to x_0$ の取り方によっては後半が成り立たないことを，$x_0 \in \mathbb{Q}$ と $x_0 \in \mathbb{R} \setminus \mathbb{Q}$ に分けて示す．

上記問題において $\mathbb{Q}$ が可算集合であることから**ルベーグ測度**の意味で，ディリクレ関数は恒等的に 1 となる関数

$$f_0(x) = 1, \quad \forall x \in \mathbb{R}$$

とほとんど至る所一致する．このことからディリクレ関数 $f(x)$ は**ルベーグ積分**の意味で積分可能で

$$\int_0^1 f(x)\,\mathrm{d}x = 1$$

とすることができる．

　ディリクレ関数と類似の関数に，**カントール関数**がある．カントール関数 $g(x)$ は $[0,1]$ 上の連続関数であり，ルベーグ測度の意味でほとんど至る所の x に対して導関数 $g'(x)$ が存在して，その値はゼロである．さらに単調非減少かつ $g(0) = 0$, $g(1) = 1$ を満たす．しかし $g(x)$ は連続微分可能ではなく，微積分学の基本定理が保証する

$$\int_0^1 g'(x)\,\mathrm{d}x = g(1) - g(0)$$

は成り立たない．ルベーグ積分論においては，積分概念の変更に伴って，微分概念についても変更がなされることになる．

● コラム 8　極限の記述

　$\varepsilon-\delta$ **論法**は，複数のパラメータに依存する数列や，関数列，またパラメータが連続濃度以上の濃度を持つ場合などに，極限の状況を正確に記述する方法である．最も基本的な数列の収束

$$\lim_{k \to \infty} x_k = x_0$$

は，論理記号を用いて例えば

$$\forall \varepsilon > 0, \exists k_0 \in \mathbb{N}; \, \forall k \geq k_0, \, |x_k - x_0| < \varepsilon$$

のように表現する．次に 1 変数関数 $f(x)$ が区間 $I = [a,b]$ で連続であることは

$$\forall x_0 \in I, \forall \varepsilon > 0, \exists \delta > 0; \, \forall x \in I, |x - x_0| < \delta; \, |f(x) - f(x_0)| < \varepsilon \quad (8.10)$$

とする．

　2 変数関数 $f(x,y)$ の全微分可能性は，この記法が威力を発揮する最初の例で，(x_0, y_0) で全微分可能であることを

$$\exists a, b \in \mathbb{R}; \, \forall \varepsilon > 0, \exists \delta > 0; \, 0 < \sqrt{(x - x_0)^2 + (y - y_0)^2} < \delta$$

$$\implies \frac{|f(x,y) - f(x_0,y_0) - a(x-x_0) - b(y-y_0)|}{\sqrt{(x-x_0)^2 + (y-y_0)^2}} < \varepsilon$$

などと表す．リーマン積分の収束は近似和 $S_{\Delta,\boldsymbol{\xi}}$ の $\|\Delta\| \to 0$ における収束であるから，例えば

$$\exists S > 0, \forall \varepsilon > 0, \exists \delta > 0;\ \|\Delta\| < \delta\ \Rightarrow\ \|S_{\Delta,\boldsymbol{\xi}} - S\| < \varepsilon,\ \forall \boldsymbol{\xi}$$

とすることができる．

リーマン積分収束の証明の鍵となる $f(x)$ の一様連続性は次のように記述される：

$$\forall \varepsilon > 0, \exists \delta > 0;\ \forall x, x_0 \in I,\ |x - x_0| < \delta\ \Rightarrow\ |f(x) - f(x_0)| < \varepsilon \qquad (8.11)$$

(8.10) において $\delta > 0$ は x_0 に依存して定まるのに対して，(8.11) では x_0 に依らず先に決まってしまうことがポイントである．定義域がコンパクト集合であると，連続性から一様連続性が導かれる．本文で述べたように，この性質によって有界閉区間上の連続関数はリーマン可積分となるのである．

9 行列の階数と転置

· ·

連立1次方程式は行列とベクトルに関する関係式で記述することができる．未知数と方程式の数が一致する場合には，その行列は正方行列となり，さらに逆行列が存在する場合には，この方程式は与えられたデータに対して常にただ1つの解をもつ．本章で扱うのは，逆行列が存在しなかったり，未知数と方程式の数が一致しない連立1次方程式の解法である．階数と転置は行列の最も基本的な概念である．階数に関する準同型定理は行列の階数と核，値域の次元の間にある基本的な関係を導き，消去法による連立1次方程式解法の成否を明確にするものである．一方，転置は核と値域の直交補空間を規定し，交代定理からこれらの空間次元の関係式を導くことができる．

9.1 ● 連立1次方程式

実数を係数として，未知数が n 個，既知数が m 個の連立1次方程式は $a_{ij} \in \mathbb{R}$，$1 \leq i \leq m, 1 \leq j \leq n$ を係数，$x_j \in \mathbb{R}, 1 \leq j \leq n$ を未知数，$b_i \in \mathbb{R}, 1 \leq i \leq m$ を既知数として

$$\begin{cases} a_{11}x_1 + \cdots + a_{1n}x_n = b_1 \\ a_{21}x_1 + \cdots + a_{2n}x_n = b_2 \\ \qquad\qquad \cdots\cdots\cdots\cdots\cdots\cdots \\ a_{m1}x_1 + \cdots + a_{mn}x_n = b_m \end{cases}$$

で与えられる．4.2節で述べたように，この方程式は $\boldsymbol{x} = (x_1, \ldots, x_n)^T \in \mathbb{R}^n$ を未知ベクトル，$\boldsymbol{b} = (b_1, \ldots, b_m)^T \in \mathbb{R}^m$ を既知ベクトル，

$$A = \begin{pmatrix} a_{11} & \cdots & \cdots & a_{1n} \\ a_{21} & \cdots & \cdots & a_{2n} \\ \vdots & \vdots & \vdots & \vdots \\ a_{m1} & \cdots & \cdots & a_{mn} \end{pmatrix} \in M_{m,n}(\mathbb{R})$$

を係数行列として

$$Ax = b \tag{9.1}$$

と表すことができる.

　$n = m$ のとき，A は正方行列である．$\det A \neq 0$ のときは A は正則で逆行列を A^{-1} を持ち，(9.1) は一意可解である:

$$b = A^{-1}x$$

となる．正則でないときは，解が存在しないような b があり，また解が存在しても一意ではない．$n < m$ のときは方程式数が未知数より多い**過剰決定系**で，多くの b に対して (9.1) は解をもたない．一方で $m < n$ のときは未知数のほうが方程式数より多い**不足決定系**で，多くの場合解は無数にある.

　集合

$$R(A) = \{Ax \in \mathbb{R}^m \mid x \in \mathbb{R}^n\}$$

を A の**値域**（レンジ）という．(9.1) が解をもつため必要十分条件は $b \in R(A)$ となることであり，特に任意の $b \in \mathbb{R}^m$ に対して (9.1) が解をもつための必要十分条件は A が全射，すなわち

$$R(A) = \mathbb{R}^m$$

が成り立つことである.

　一方

$$N(A) = \{x \in \mathbb{R}^n \mid Ax = 0\}$$

を A の**核**（カーネル）という．(9.1) が 2 つの解 x_1, x_2 をもつとすると

$$Ax_1 = b, \ Ax_2 = b$$

より

$$A(x_1 - x_2) = Ax_1 - Ax_2 = b - b = 0$$

となり，

$$x_1 - x_2 \in N(A)$$

を得る．逆に，(9.1) の 1 つの解 x_0 に対して，$x' \in N(A)$ を任意にとり

$$x = x_0 + x'$$

としたものも，(9.1) の解になる．従って (9.1) の解が，任意の $\boldsymbol{b} \in \mathbb{R}^m$ に対して，存在すれば一意であるための必要十分条件は

$$N(A) = \{\boldsymbol{0}\}$$

が成り立つことである．

上記の $R(A), N(A)$ はそれぞれ $\mathbb{R}^m, \mathbb{R}^n$ の部分空間である．$R(A)$ の次元

$$r(A) = \dim R(A) \tag{9.2}$$

を A の**階数**という．行列 A の階数は，(9.1) が可解となる既知量 $\boldsymbol{b}$ の多さを測る尺度であり，$N(A)$ の次元は (9.1) の解の多様性を表示する指標である．

特に，(9.1) が任意の $\boldsymbol{b} \in \mathbb{R}^m$ に対して解をもつための必要十分条件は $r(A) = m$ となることであり，任意の $\boldsymbol{b} \in \mathbb{R}^m$ に対して (9.1) の解が一意であるための必要十分条件は $\dim N(A) = 0$ となることである．

9.2 ● 準同型定理

一般に，集合 X 上に関係 $\sim$ があり，**反射律**

$$x \sim x, \ x \in X,$$

対称律

$$x \sim y \implies y \sim x, \quad x, y \in X$$

推移律

$$x \sim y, \ y \sim z \implies x \sim z, \quad x, y, z \in X$$

を満たすとき，$\sim$ を X 上の**同値関係**という．また与えられた $x \in X$ と同値関係をもつ X の元をすべて集めた集合 $[x]$ をその**同値類**という：

$$[x] = \{y \in X \mid y \sim x\}$$

同値関係 $\sim$ に対し，X の同値類 $[x]$ をすべて集めると X を分割でき，同値類全体

$$\{[x] \mid x \in X\}$$

は 1 つの集合と考えることができる．この集合を $X/\sim$ と書き，もとの集合 X の $\sim$ による**商集合**という．1.3 節で述べた $\mathbb{Q}$ の完備化による $\mathbb{R}$ の構成では，商集合の導出が出発点となっていた．

行列 $A \in M_{m,n}(\mathbb{R})$ に対し，$\mathbb{R}^n$ の二つの元 $\boldsymbol{x}, \boldsymbol{y}$ が

$$\boldsymbol{x} - \boldsymbol{y} \in N(A) \tag{9.3}$$

を満たすとき $\boldsymbol{x} \sim \boldsymbol{y}$ とすると，この $\sim$ は $\mathbb{R}^n$ 上の同値関係になる．

同値関係 (9.3) による $\mathbb{R}^n$ の商集合 $\mathbb{R}^n / \sim$ には，

$$[x] + [y] = [x + y], \; c[x] = [cx], \quad x, y \in \mathbb{R}^n, \; c \in \mathbb{R}$$

によって同値類間のベクトル演算が定義でき，この演算によって $\mathbb{R}^n / \sim$ はベクトル空間となる．このとき $\mathbb{R}^n / \sim$ を

$$\mathbb{R}^n / N(A)$$

と書き，$\mathbb{R}^n$ の $N(A)$ による**商空間**という．この空間の次元は

$$\dim(\mathbb{R}^n / N(A)) = n - \dim N(A)$$

で与えられる．

上記行列 $A \in M_{m,n}(\mathbb{R})$ を線形写像 $A : \mathbb{R}^n \to \mathbb{R}^m$ とみなすとき，$\boldsymbol{x} \sim \boldsymbol{y}$ ならば $A\boldsymbol{x} = A\boldsymbol{y}$ であり，線形写像 $\widetilde{A} : \mathbb{R}^n / N(A) \to \mathbb{R}^m$ を

$$\widetilde{A}[x] = Ax, \; x \in \mathbb{R}^n$$

によって定めることができる．この写像の値域は $R(A)$ に制限することができ，

$$\widetilde{A} : \mathbb{R}^n / N(A) \; \to \; R(A)$$

は全単射になる．$\widetilde{A}$ を A から誘導された**同型写像**という．

同型写像 $\widetilde{A}$ により，二つの空間 $\mathbb{R}^n / N(A)$ と $R(A)$ はベクトル空間として同じ構造をもつものと見なすことができる．これがベクトル空間に関する**準同型定理**で，このことを

$$\mathbb{R}^n / N(A) \cong R(A) \tag{9.4}$$

と書く．(9.4) の両辺の次元を取ると

$$r(A) = n - \dim N(A) \tag{9.5}$$

が得られる．

A が正方行列であるときは $m = n$ であり，(9.5) から $\dim N(A) = 0$ と $\dim R(A) = n$ とが同値であることがわかる．A が正則行列であるのはこの場

合で，5.2 節で述べたように，このことは行列式 $\det A$ がゼロでないことと同値である．

9.3 ● 消去法

（ガウスの）**消去法**は**行の基本変形**を行って (9.1) を解く方法である．この操作を行うと，連立 1 次方程式 (9.1) が解をもたなかったり，無数の解をもったりすることが行列 A の階数 $r(A)$ で規定されることがわかる．

ここで行の基本変形は以下の 2 つの操作をいう．

(1) $k \in \mathbb{R}$ に対して第 j 行を k 倍したものを第 i 行に加える．

(2) 第 i 行と第 j 行を入れ換える．

例題 9.1 次の連立方程式を解け．
$$\begin{cases} 2u + v + w = 1 \\ 4u + v = -2 \\ -2u + 2v + 2 = 7 \end{cases}$$

解 方程式を

$$\left(\begin{array}{ccc|c} \mathbf{2} & 1 & 1 & 1 \\ 4 & 1 & 0 & -2 \\ -2 & 2 & 1 & 7 \end{array} \right) \tag{9.6}$$

と書く．第 1 行 1 列の成分 **2** を**ピヴォット**，すなわち各行を左から見て最初のゼロでない成分とし，第 1 行を (-2) 倍して第 2 行に加え，第 1 行をそのまま第 3 行に加える：

$$\left(\begin{array}{ccc|c} 2 & 1 & 1 & 1 \\ 0 & \mathbf{-1} & -2 & -4 \\ 0 & 3 & 2 & 8 \end{array} \right) \tag{9.7}$$

次に第 2 行第 2 列の成分 **−1** をピヴォットとし，第 2 行を 3 倍して第 3 行

に加える：

$$\left(\begin{array}{ccc|c} 2 & 1 & 1 & 1 \\ 0 & -1 & -2 & -4 \\ 0 & 0 & -4 & -4 \end{array}\right) \tag{9.8}$$

(9.8) を

$$\begin{cases} 2u + v + w = 1 \\ -v - 2w = -4 \\ -4w = -4 \end{cases}$$

と書いて，下から順に $w = 1$, $v = 2$, $u = -1$ とする．

　上記例題の最後の部分を**後退代入**という．この例で後退代入までに行列

$$A = \left(\begin{array}{ccc} 2 & 1 & 1 \\ 4 & 1 & 0 \\ -2 & 2 & 1 \end{array}\right)$$

がどのような操作を受けたかを見る．第 1 ステップで得られる行列は

$$A_1 = \left(\begin{array}{ccc} 2 & 1 & 1 \\ 0 & -1 & -2 \\ 0 & 3 & 2 \end{array}\right)$$

であり，これは A に対角成分 1 の下三角行列

$$E_1 = \left(\begin{array}{ccc} 1 & 0 & 0 \\ -2 & 1 & 0 \\ 1 & 0 & 1 \end{array}\right)$$

を左からかける操作で得られる：

$$A_1 = E_1 A$$

第 2 ステップで最終の上三角行列

$$U = A_2 = \left(\begin{array}{ccc} 2 & 1 & 1 \\ 0 & -1 & -2 \\ 0 & 0 & -4 \end{array}\right)$$

となり，同じように A_1 に対角成分 1 の下三角行列を左からかけることで得られる：

$$A_2 = E_2 A_1, \quad E_2 = \begin{pmatrix} 1 & 0 & 0 \\ 0 & 1 & 0 \\ 0 & 3 & 1 \end{pmatrix}$$

以上のプロセスは

$$U = E_2 E_1 A$$

となり，$L = (E_2 E_1)^{-1}$ も対角成分 1 の下三角行列で

$$A = LU$$

と書くことができる．

消去法では行の入れ替えが必要になる場合もある．

例 9.1 方程式

$$\begin{cases} 2v = b_1 \\ 3u + 4v = b_2 \end{cases}$$

では行の入れ替え行列

$$\begin{pmatrix} 0 & 1 \\ 1 & 0 \end{pmatrix}$$

を用いて

$$\begin{pmatrix} 3 & 4 \\ 0 & 2 \end{pmatrix} = \begin{pmatrix} 0 & 1 \\ 1 & 0 \end{pmatrix} \begin{pmatrix} 0 & 2 \\ 3 & 4 \end{pmatrix}$$

として第 1 行，第 2 行を入れ替えた後で後退代入を行う．

行の入れ替えをする行列 P は各行，各列で 1 が一つあり，それ以外の成分がゼロとなる行列である．ピヴォットがゼロに近い場合にも入れ替えをすると有効数字の損失が少なくなる．この方法を**部分選択**という．

以上のことから次の定理が得られる．このことを**行列の LU 分解**という．

定理 9.1 正方行列 A に対し，行の入れ替え行列 P，対角成分 1 の下三角行列，および対角成分がゼロでない上三角行列 U が存在して

$$PA = LU$$

が成り立つ．

対角成分が 1 である下三角行列 L は逆行列をもつ．$L^{-1}Pb$ は**前進代入**で求めることができ，連立 1 次方程式 (9.1) は

$$U\boldsymbol{x} = L^{-1}P\boldsymbol{b}$$

に帰着する．すると今度は後退代入によって解 x を求めることができる．

$A \in M_{n,n}(\mathbb{R})$ が逆行列を持たない場合に消去法を最後まで進めると，U の対角成分の最後のほうがゼロとなる．正方行列とは限らない $A \in M_{m,n}(\mathbb{R})$，$m \neq n$ について同じように行の基本変形を行うと，最終的に U は

$$U = \begin{pmatrix} * & \cdots & \cdots & \cdots & \cdots & & \cdots \\ 0 & 0 & 0 & * & \cdots & \cdots & \cdots \\ \vdots & \vdots & \vdots & \vdots & \vdots & \vdots & \vdots \\ 0 & 0 & 0 & 0 & * & \cdots & \cdots \\ 0 & 0 & 0 & 0 & 0 & 0 & 0 \\ \vdots & \vdots & \vdots & \vdots & \vdots & \vdots & \vdots \\ 0 & 0 & 0 & 0 & 0 & 0 & 0 \end{pmatrix}$$

のように**上台形行列**になる．このとき現れるピヴォットの数 r は，A の階数と等しい．

定理 9.2 任意の $A \in M_{m,n}(\mathbb{R})$ に対し行の入れ替え行列 $P \in M_{m,m}(\mathbb{R})$，対角成分 1 の下三角行列 $L \in M_{m,m}(\mathbb{R})$，および上台形行列 $U \in M_{m,n}(\mathbb{R})$ が存在して

$$PA = LU$$

が成り立つ．

9.4 ● 転置と正射影

第5章で述べたように，行列 $A = (a_{ij}) \in M_{m,n}(\mathbb{R})$ に対して，行と列を入れ替えた行列 $A^T = (a_{ji}) \in M_{n,m}(\mathbb{R})$ を，その**転置行列**という．$R(A)$ は A の列ベクトルの1次結合全体が作る $\mathbb{R}^m$ の部分空間なので，A^T に対してガウスの消去法を適用し，得られた上三角行列を再度転置して，ゼロでないベクトルを取り出せば，その基底を求めることができる．このことから

$$\operatorname{rank} A^T = \dim R(A) = \operatorname{rank} A$$

が成り立つことがわかる．

● **直交分解** ● 行列の転置はベクトルの内積と関係している．すなわち $\mathbb{R}^n$ の内積

$$\boldsymbol{x} \cdot \boldsymbol{y} = \sum_{i=1}^{n} x_i y_i, \quad \boldsymbol{x} = (x_1, \ldots, x_n)^T, \ \boldsymbol{y} = (y_1, \ldots, y_n)^T \in \mathbb{R}^n$$

を $(\boldsymbol{x}, \boldsymbol{y})$ と書き，$\mathbb{R}^m$ の内積も同じ記号で書けば，常に

$$(A\boldsymbol{x}, \boldsymbol{y}) = (\boldsymbol{x}, A^T \boldsymbol{y}), \quad \boldsymbol{x} \in \mathbb{R}^n, \ \boldsymbol{y} \in \mathbb{R}^m \tag{9.9}$$

が成り立つ．

部分空間 $X \subset \mathbb{R}^n$ に対して

$$X^\perp = \{\boldsymbol{x} \in \mathbb{R}^n \mid (\boldsymbol{y}, \boldsymbol{x}) = 0, \ \forall \boldsymbol{y} \in X\}$$

も $\mathbb{R}^n$ の部分空間で，任意の $\boldsymbol{x} \in \mathbb{R}^n$ は

$$\boldsymbol{x} = \boldsymbol{y} + \boldsymbol{z}, \quad \boldsymbol{y} \in X, \ \boldsymbol{z} \in X^\perp$$

と一意的に分解できる．このことを

$$\mathbb{R}^n = X \oplus X^\perp \tag{9.10}$$

と書き，(9.10) を部分空間 X の**直交分解**，$X^\perp$ を X の**直交補空間**という．(9.10) から

$$\dim X + \dim X^\perp = n$$

であることがわかる．

● **正射影** ● 部分空間 $X \subset \mathbb{R}^n$, $b \in \mathbb{R}^n$ に対して，

$$\boldsymbol{y} \in X, \quad \boldsymbol{b} - \boldsymbol{y} \in X^\perp \tag{9.11}$$

となる y が一意に存在する. 任意の $x \in X$ に対して $(b - y, x) = 0$ であることから

$$|b - y|^2 = (b - y, b - y) = (b - y, b) = (b - y, b - x) \leq |b - y||b - x|$$

となり，これより

$$y \in X, \ |b - y| \leq |b - x|, \forall x \in X$$

が得られる. すなわち $y \in X$ は

$$E = |b - x|^2, \ x \in X$$

の最小を達成する.

6.3 節で述べた，E の統御性と狭義凸性から，このような y は一意に存在し，条件

$$\frac{1}{2} \frac{\mathrm{d}}{\mathrm{d}s} |y - b + sx|^2 \Big|_{s=0} = (y - b, x), \quad x \in X \tag{9.12}$$

より (9.11) が得られる. (9.12) から (9.11) を導く方法を**間接法**という. また，b に対して (9.11) を満たす y を対応させる写像

$$P : \mathbb{R}^m \to X$$

を**正射影**という.

9.5 ● 交代定理

任意の $A \in M_{m,n}(\mathbb{R})$ に対して (9.9) から

$$x \in N(A) \implies x \in R(A^T)^\perp$$

となり，このことから $N(A) \subset R(A^T)^\perp$ が成り立つ.

両者の直交補空間をとると

$$R(A^T) \subset N(A)^\perp \tag{9.13}$$

であるが，

$$\dim R(A^T) = \mathrm{rank}\, A = n - \dim N(A) = \dim N(A)^\perp$$

より (9.13) の両辺の次元が等しいので

$$R(A^T) = N(A)^\perp \tag{9.14}$$

が得られる．また (9.14) において A を A^T に置き換えると

$$R(A) = N(A^T)^{\perp} \tag{9.15}$$

となる．

(9.14)-(9.15) より

$$R(A) = \mathbb{R}^m \iff N(A^T) = \{\mathbf{0}\}, \quad N(A) = \{\mathbf{0}\} \iff R(A^T) = \mathbb{R}^n$$

が得られるが，この性質は，転置行列を通して任意のデータに対する連立 1 次方程式の可解性と一意性が同値であることを示している．(9.14)-(9.15) を**交代定理**ともいう．

章末問題

n 次正則行列の LU 分解の計算回数は $n^3/3$ 程度であるが，一度 LU 分解してしまうと (9.1) を解くための前進代入と後退代入の計算回数は合わせて n^2 程度になることを示せ．

ねらい　消去法は大規模な連立 1 次方程式を高速で解く有効な方法である．計算回数を数えることは，消去法の手続きと，LU 分解を記述することの有効性を理解することに有用である．

●コラム 9　QR 分解

ベクトルの組 $\boldsymbol{e}_1, \ldots, \boldsymbol{e}_m$ は

$$(\boldsymbol{e}_i, \boldsymbol{e}_j) = \delta_{ij} = \begin{cases} 1, & i = j \\ 0, & i \neq j \end{cases}$$

を満たすとき**正規直交系**であるという．与えられた線形独立なベクトル $\boldsymbol{f}_1, \ldots, \boldsymbol{f}_m$ から正規直交を作るプロセスとして 5.2 節で述べた**グラム・シュミットの直交化**がある．消去法が LU 分解を得る操作であったように，グラム・シュミットの直交化法は **QR 分解**で記述することができる．すなわち列ベクトルが線形独立である行列 A に対して正規直交な列をもつ行列 Q と上三角行列 R が存在して $A = QR$ が成り立つ．QR 分解は行列の固有値の計算等で用いられている．

10 擬似逆行列

連立1次方程式において，未知数の数よりも方程式の数が多いとき，通常は厳密解は存在せず，逆に方程式の数よりも未知数の数が多ければ解は無数にある．擬似逆元は，解の一意存在が成り立たない，様々な状況下で，最も適切と考えられる解を統一的に選択する方法であり，データサイエンスでは回帰分析やリッジ正則化で用いられている．与えられたデータに対して擬似逆元を対応させる写像が擬似逆行列である．擬似逆元は第6章や第7章で述べた最適化の言葉を用いて定義される．一方，擬似逆行列の表示には，前章で解説した行列の階数と転置が用いられる．

10.1 ● 擬似逆元

$A \in M_{m,n}(\mathbb{R})$ を係数行列とし，$\boldsymbol{b} \in \mathbb{R}^m$ を既知ベクトルとする連立1次方程式

$$\boldsymbol{x} \in \mathbb{R}^n, \ A\boldsymbol{x} = \boldsymbol{b} \tag{10.1}$$

を考える．$m > n$ のときは方程式の数が未知数の数より大きい過剰決定系，$m < n$ のときは未知数の数が方程式の数より大きい不足決定系である．過剰決定系では解が存在しない場合が多く，逆に不足決定系では解が無数に存在する場合が多い．さらに $m = n$ であっても，解 $\boldsymbol{x} \in \mathbb{R}^n$ が一意存在するとは限らない．

(10.1) が一意可解でない場合には，次のような $\boldsymbol{x}^\dagger$ を求めて「解」とする．この $\boldsymbol{x}^\dagger$ を (10.1) の**擬似逆元**という．

(1) 二乗誤差 $E = |A\boldsymbol{x} - \boldsymbol{b}|^2$ を最小にする $\boldsymbol{x} = \bar{\boldsymbol{x}}$ を求める．

(2) 上述の $\bar{\boldsymbol{x}}$ のうちで，$|\bar{\boldsymbol{x}}|$ が最小になるものを $\boldsymbol{x}^\dagger$ とする．

最初の条件は，最小二乗近似の考え方に由来するもので，E を最小にする $\bar{\boldsymbol{x}}$ が一意に定まれば，それを (10.1) の解と見なすことは自然である．2番目の条件は，このような $\bar{\boldsymbol{x}}$ が一意でない場合の対策で，最小二乗近似解のうちで長さ

最小のベクトルを選ぶことで，それらの「代表元」を取り出す基準を与えたものである．すなわち，異なる b に対する「解」x を同一の基準で比較することが，この条件の目的である．この基準は絶対的なものではなく，第14章で述べるスパースモデリングでは，異なる基準によって「解」を選び出している．

さて第1の条件は $y = A\overline{x}$ が b の $R(A)$ への正射影であることを意味し，このような $\overline{x}$ は少なくとも一つ存在する．すなわち

$$P : \mathbb{R}^m \to R(A)$$

を9.4節で述べた正射影とすると

$$A\overline{x} = Pb \tag{10.2}$$

である．次の定理の (10.3) を**正規方程式**という．

定理 10.1　(10.2) は

$$A^T A\overline{x} = A^T b \tag{10.3}$$

と同値である．

証明　(10.2) は，$y = A\overline{x}$ に対し

$$y \in R(A), \quad (y - b, z) = 0, \ \forall z \in R(A) \tag{10.4}$$

を意味する．そこで $z = Ax$ と書けば，(10.4) は

$$(A\overline{x} - b, Ax) = (A^T(A\overline{x} - b), x) = 0, \quad \forall x \in \mathbb{R}^n$$

となり (10.3) が得られる．

次に，第2の条件は9.4節で述べた交代定理

$$\mathbb{R}^n = N(A) \oplus R(A^T) \tag{10.5}$$

によって次のように簡略化される．

定理 10.2　(10.1) の擬似逆元は $x^\dagger \in R(A^T)$ を満たす正規方程式 (10.3) の解 $\overline{x} = x^\dagger$ として定まる．

証明　正規方程式 (10.3) の解 $\overline{x}$ の全体は，$\mathbb{R}^n$ の線形部分空間を平行移動したもの，すなわち**アフィン空間** Y をなし，擬似逆元 $x^\dagger$ は原点 O の Y への正射影として一意存在する．

一方，正規方程式 (10.3) は正射影

$$P : \mathbb{R}^m \to R(A)$$

に対する (10.2) と同値である．正規方程式の解 $\overline{x}$ を 1 つ取り，正射影

$$Q : \mathbb{R}^n \to R(A^T)$$

に対して，

$$x^\dagger = Q\overline{x}$$

とすると，この $x^\dagger$ は擬似逆元の条件を満たす．

実際，(10.5) によって

$$Ax^\dagger = A\overline{x} = Pb$$

であるので，この $x^\dagger$ は正規方程式の解である．一方，$N(A)$ の定義より，正規方程式の任意の解 $\overline{x}$ に対して

$$x_* \in N(A)$$

が存在して，上記 $x^\dagger$ との間で関係

$$\overline{x} = x_* + x^\dagger$$

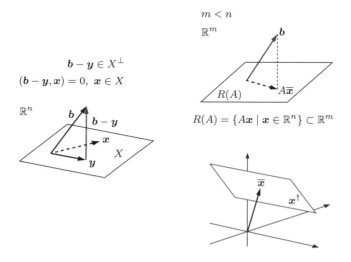

図 10.1 直交射影（左，右上）と擬似逆元（右下）

を満たす. このとき

$$\boldsymbol{x}^\dagger \in R(A^T)$$

と (10.5) によって

$$|\overline{\boldsymbol{x}}|^2 = (\boldsymbol{x}_* + x^\dagger, \boldsymbol{x}_* + \boldsymbol{x}^\dagger) = |\boldsymbol{x}_*|^2 + |\boldsymbol{x}^\dagger|^2 \geq |\boldsymbol{x}^\dagger|^2 \tag{10.6}$$

となり, この $\boldsymbol{x}^\dagger$ は正規方程式の解 $\overline{\boldsymbol{x}}$ のうちで, $|\overline{\boldsymbol{x}}|$ の最小を達成するものである. 最後に, この計算から $R(A^T)$ に属する正規方程式の解 $\boldsymbol{x}^\dagger$ は任意の正規方程式の解 $\overline{\boldsymbol{x}}$ に対して, (10.6) を満たすので, 擬似逆元となる.

10.2 ● 擬似逆行列の計算

方程式 (10.1) が一意可解とは限らないとき, $\boldsymbol{b}$ に対してその擬似逆元 $\boldsymbol{x}^\dagger$ を対応させる写像は $\mathbb{R}^m$ から $\mathbb{R}^n$ への線形写像であり, 行列 $A^\dagger \in M_{n,m}(\mathbb{R})$ を用いて

$$\boldsymbol{x}^\dagger = A^\dagger \boldsymbol{b}$$

と表すことができる. この $A^\dagger$ を A の**擬似逆行列**という. 擬似逆行列は任意の行列に対して一意に定まる.

擬似逆行列は次のようにして求めることができる.

● **正則行列** ● 正則行列の擬似逆行列は逆行列と一致する.

● **対角行列** ● 対角行列は, 対角の部分だけに値が入りそれ以外の成分はすべてゼロである正方行列または長方行列である. 対角行列の擬似逆行列も対角行列で, ゼロでない対角成分はその逆数を, ゼロである対角成分はそのままゼロとしたものとなる.

● **対角化可能行列** ● 正方行列 $A \in M_{n,n}(\mathbb{R})$ の固有値は重複も含めて n 個ある. これらを $\lambda_1, \ldots, \lambda_n$ とする. 対応する n 個の固有ベクトルが $\boldsymbol{e}_1, \ldots, \boldsymbol{e}_n$ が線形独立であれば, これらの固有ベクトルを並べた行列

$$S = (\boldsymbol{e}_1 \cdots \boldsymbol{e}_n)$$

は正則で, 対角成分に $\lambda_1, \ldots, \lambda_n$ を並べ, それ以外の成分はゼロとした対角行

列 Λ に対して

$$S^{-1}AS = \Lambda$$

が成り立つ. このとき

$$A = S\Lambda S^{-1}$$

であり, $S^\dagger = S^{-1}$, $(S^{-1})^\dagger = S$ より

$$A^\dagger = (S\Lambda S^{-1})^\dagger = (S^{-1})^\dagger \Lambda^\dagger S^\dagger = S\Lambda^\dagger S^{-1}$$

となる. ここで対角行列 Λ の擬似逆元 $\Lambda^\dagger$ は前項の操作によって得られる.

● **フルランク行列** ●　行列 $A \in M_{m,n}(\mathbb{R})$ に対してその階数 $r = \operatorname{rank} A$ は常に $r \le \min\{m,n\}$ を満たす.

$$\operatorname{rank} A = \min\{m,n\}$$

であるとき A は**フルランク**であるといい, そうでない場合は**ランク落ち**しているという.

関係

$$N(A^T A) = N(A), \quad N(AA^T) = N(A^T) \tag{10.7}$$

が成り立つことから, $m \ge n$ のとき

$$r = n \iff N(A) = \{\mathbf{0}\}$$

であり, $m \le n$ のとき

$$r = m \iff N(A^T) = \{\mathbf{0}\}$$

であるので, フルランク行列 A については, $m > n$ (過剰決定系) では $A^T A$ が正則行列, $m < n$ (不足決定系) では AA^T が正則行列となる.

前者の場合は正規方程式 (10.3) が一意可解となり, (10.1) の擬似逆元は

$$\boldsymbol{x}^\dagger = (A^T A)^{-1} A^T \boldsymbol{b}$$

で与えられる. 従って A の擬似逆行列は

$$A^\dagger = (A^T A)^{-1} A^T$$

である. 後者の場合 (10.1) の擬似逆元は

$$\boldsymbol{x}^\dagger = A^T (AA^T)^{-1} \boldsymbol{b}$$

で与えられる．実際この $\boldsymbol{x}^{\dagger}$ は

$$\boldsymbol{x}^{\dagger} \in R(A^T)$$

であり，

$$A^T A \boldsymbol{x}^{\dagger} = A^T (AA^T)(AA^T)^{-1}\boldsymbol{b} = A^T\boldsymbol{b}$$

より正規方程式 (10.3) を満たす．したがって定理 10.2 より，(10.1) の擬似逆元であり，A の擬似逆行列は

$$A^{\dagger} = A^T(AA^T)^{-1}$$

で与えられる．

● **一般の行列** ● ランク落ちしている行列の場合には特異値分解して，擬似逆行列を求める．行列 $A \in M_{m,n}(\mathbb{R})$ の**特異値分解**とは，二つの直交行列

$$U \in M_{m,m}(\mathbb{R}), \quad V \in M_{n,n}(\mathbb{R})$$

を用いて

$$A = U\Sigma V^T \tag{10.8}$$

と表すことをいう．ここで $\Sigma \in M_{m,n}(\mathbb{R})$ は正の対角成分 $\sigma_1,\ldots,\sigma_r$, $r = \mathrm{rank}\,A$ をもち，それ以外の成分がゼロである「対角」行列である：

$$\Sigma = \begin{pmatrix} \sigma_1 & 0 & \cdots & \cdots & 0 \\ 0 & \sigma_2 & \cdots & \cdots & 0 \\ \vdots & \vdots & \vdots & \vdots & \vdots \\ 0 & 0 & \cdots & \sigma_r & 0 \\ \vdots & \vdots & \vdots & \vdots & \vdots \\ 0 & 0 & \cdots & \cdots & 0 \end{pmatrix}$$

$\sigma_1,\ldots,\sigma_r$ を A の**特異値**という．

特異値分解 (10.8) から

$$AV = U\Sigma V^T V = U\Sigma, \quad A^T U = V\Sigma U^T U = V\Sigma$$

従って，

$$U = (\boldsymbol{u}_1 \cdots \boldsymbol{u}_m), \quad V = (\boldsymbol{v}_1 \cdots \boldsymbol{v}_n) \tag{10.9}$$

とすると, $k = 1, \ldots, r$ に対して

$$A\boldsymbol{v}_k = \sigma_k \boldsymbol{u}_k, \quad A^T \boldsymbol{u}_k = \sigma_k \boldsymbol{v}_k$$

これより

$$A^T A \boldsymbol{v}_k = \sigma_k A^T \boldsymbol{u}_k = {\sigma_k}^2 \boldsymbol{v}_k, \quad AA^T \boldsymbol{u}_k = \sigma_k A \boldsymbol{v}_k = {\sigma_k}^2 \boldsymbol{u}_k$$

となり, σ_k は $A^T A, AA^T$ の固有値の正の平方根, $\boldsymbol{v}_k$ は $A^T A$ の固有ベクトル, $\boldsymbol{u}_k$ は AA^T の固有ベクトルとなる. 行列の特異値分解は逆にこの関係を用いて導出する.

「対角」行列 Σ の擬似逆行列は

$$\Sigma^\dagger = \begin{pmatrix} {\sigma_1}^{-1} & 0 & \cdots & \cdots & 0 \\ 0 & {\sigma_2}^{-1} & \cdots & \cdots & 0 \\ \vdots & \vdots & \vdots & \vdots & \vdots \\ 0 & 0 & \cdots & {\sigma_r}^{-1} & 0 \\ \vdots & \vdots & \vdots & \vdots & \vdots \\ 0 & 0 & \cdots & \cdots & 0 \end{pmatrix}$$

であり, A の擬似逆行列は

$$A^\dagger = V \Sigma^\dagger U^T$$

で求めることができる.

ここで

$$A^T A = AV \Sigma^T U^T U \Sigma V^T = V \Sigma^T \Sigma V^T$$

$$\Sigma^T \Sigma = \mathrm{diag}({\sigma_1}^2, \ldots, {\sigma_r}^2, 0, \ldots, 0) \in M_{n,n}(\mathbb{R})$$

であり, 過剰決定系 $m > n$ においてフルランクの場合は

$$r = \mathrm{rank}\, A = n \iff A^T A \text{ の逆行列が存在する}$$

であることが改めてわかる. 同様に不足決定系 $m < n$ においてフルランクの場合は

$$r = \mathrm{rank}\, A = m \iff AA^T \text{ の逆行列が存在する}$$

が成り立つ.

10.3 ● ハウスホルダー変換

　行列の特異値分解の**前処理**として使われるのが**ハウスホルダー変換**である. この変換は, 単位ベクトル $e \in \mathbb{R}^n$, $|e| = 1$ に対して, 行列

$$H = E - 2ee^T \tag{10.10}$$

を定めることをいう. ただし $E = \mathrm{diag}(1, \ldots, 1)$ は n 次単位行列である. 線形写像 $H : \mathbb{R}^n \to \mathbb{R}^n$ は, 原点を通り e を法線とする超平面に対する鏡映であり, 行列 H は実対称直交行列で

$$H^T = H, \quad HH^T = H^TH = E$$

を満たす.

　一般に

$$\boldsymbol{x} \neq (-|\boldsymbol{x}|, 0, \ldots, 0)^T \tag{10.11}$$

を満たす $\boldsymbol{x} \in \mathbb{R}^n$ をとり, $\boldsymbol{z} = (1, 0, \ldots, 0)^T$ に対して

$$\boldsymbol{v} = \boldsymbol{x} + |\boldsymbol{x}|\boldsymbol{z}, \quad \boldsymbol{e} = \frac{\boldsymbol{v}}{|\boldsymbol{v}|} \tag{10.12}$$

として, (10.10) により H を定めると

$$H\boldsymbol{x} = -|\boldsymbol{x}|\boldsymbol{z} \tag{10.13}$$

が成り立つ.

　このことから行列 $A = (a_{ij}) \in M_{n,n}(\mathbb{R})$ において,

$$\boldsymbol{x} = (a_{21}, \ldots, a_{n1})^T \in \mathbb{R}^{n-1}$$

が (10.11) を満たすときは, 1 つ次元を下げた $H \in M_{n-1,n-1}(\mathbb{R})$ を (10.10), (10.12) によって定めれば, 実対称直交行列

$$U = \begin{pmatrix} 1 & 0 & 0 & \cdots & 0 \\ 0 & & & & \\ 0 & & & H & \\ \vdots & & & & \\ 0 & & & & \end{pmatrix}$$

による A の相似変換は

$$
U^{-1}AU = \begin{pmatrix}
a_{11} & * & * & * & * & * \\
-|\boldsymbol{x}| & * & * & * & * & * \\
0 & * & * & * & * & * \\
\vdots & \vdots & \vdots & \vdots & \vdots & \vdots \\
0 & * & * & * & * & *
\end{pmatrix}
$$

となる．この操作を $(n-2)$ 回行うと，A は**上ヘッセンベルグ行列**

$$
\begin{pmatrix}
* & * & * & * & * & * \\
* & * & * & * & * & * \\
0 & * & * & * & * & * \\
\vdots & \vdots & \vdots & \vdots & \vdots & \vdots \\
0 & 0 & 0 & * & * & *
\end{pmatrix}
\tag{10.14}
$$

に相似変換される．このことを上方向に**中心化**するという．同じことを下方向に行えば，A を三重対角行列

$$
\begin{pmatrix}
* & * & 0 & 0 & 0 & 0 \\
* & * & * & 0 & 0 & 0 \\
0 & * & * & * & 0 & 0 \\
\vdots & \vdots & \vdots & \vdots & \vdots & \vdots \\
0 & 0 & 0 & * & * & *
\end{pmatrix}
$$

に変換することができる．

　ハウスホルダー変換は，第 9 章で述べた行列の QR 分解の前処理でも用いられている．

章末問題

　関係式 (10.7) を確認せよ．

ねらい　フルランク行列の擬似逆行列を表示するための基本的な等式を，ベクトルの内積と行列の転置を用いて簡明に証明する．

● コラム 10　　問題の適切性

　ニュートン方程式による質点運動の解析では，物理法則に従って方程式が立てられ，初期条件によって任意時刻での位置が一意に定められる．このため，3 体問題のように解が表示できない場合にも方程式（モデル）があれば解の挙動を論ずることができる．これが第 22 章で述べるポアンカレの方法論で，前半の解の一意存在を示すことを**基本定理**，後半の解の挙動を論ずることを**定性的理論**という．アダマールは，与えられた初期値に対する解の一意存在に加えて，定められた時刻での質点の位置が初期値に連続に依存することを要請し，両者を合わせて問題の**適切性**と呼んだ．適切性は古典力学が導き出す因果律の世界観に基づくものである．

　一般に原因から結果を導き出すのが**順問題**で，順問題では法則に基づいて適切性を持つ問題が設定されていることが求められる．結果から原因を導き出すのは**逆問題**といわれ，逆問題においては，解の一意存在や連続依存性が成り立たないことが多く，このことを問題の**非適切性**という言葉で表す．データサイエンスで扱う問題の多くは逆問題であり，ポアンカレやアダマールの意味での「問題の適切性」が成り立たないのが通例である．

　本章では連立 1 次方程式について，この非適切性が解の存在に関わるものか，一意性に関わるものかによって，「非適切問題」の解法が大きく異なることを述べたが，一意存在が保証されても，解の連続依存性が成り立たない場合には，既知量の少しの変動が解を大きく変化させるため，解を求めることは実際上困難になる．第 14 章で述べる**正則化**の技法は，この困難を解決する有力な方法の一つである．

11 確率変数

> 1変量データは，その出現する割合に変換すると確率変数と見なすことができ，確率変数の平均や分散はその分布関数によって計算することができる．確率変数の分布で最も基本的なものは正規分布である．本章は標準化などのデータを扱う際の基本となる事項を交え，例を挙げながら確率変数の基礎を説明する．

11.1 ● データの分布

データから平均や分散などの統計量を導き出すことを**記述統計**という．また測定値 $y_j \in \mathbb{R}, 1 \le j \le N$ を1つのベクトル

$$\boldsymbol{y} = (y_j) \in \mathbb{R}^N$$

で表したものを **1 変量データ**という．測定値 $\{y_j \mid 1 \le j \le N\}$ の相異なる値を

$$x_i, \, 1 \le i \le n$$

とし，各 x_i の度数を k_i とすると，$\boldsymbol{y}$ の分布は横軸に値 x，縦軸に k をとったヒストグラムで表示することができる（図 11.1）．このとき

$$N = \sum_{i=1}^{n} k_i$$

であり，$\boldsymbol{y}$ の**平均**は

$$\mu = \frac{1}{N} \sum_{i=1}^{n} k_i x_i \tag{11.1}$$

分散は

$$\sigma^2 = \frac{1}{N} \sum_{i=1}^{n} k_i (x_i - \mu)^2 \tag{11.2}$$

となる．

　1 変量データは，ベクトルであると同時にコラム 11 で述べる**確率変数**とみなすこともできる．実際 $\Omega = \{1, 2, \ldots, N\}$ を N 個の元からなる有限集合，$\mathcal{F} = 2^{\Omega}$ を Ω の部分集合全体，

$$P(\{j\}) = \frac{1}{N}, \quad 1 \leq j \leq N$$

とすると，$(\Omega, \mathcal{F}, P)$ は**確率空間**になる．さらに測定値 $y_j, 1 \leq j \leq N$ を写像 $X : \Omega \to \mathbb{R}$ の値 $X(j)$ とすれば，X は $(\Omega, \mathcal{F}, P)$ 上の確率変数になる．

　このとき $X(\Omega) = \{x_i \mid 1 \leq i \leq n\}$ であり，

$$\{X = x_i\} = \{j \in \Omega \mid X(j) = x_i\}$$

に対して

$$P(\{X = x_i\}) = \frac{k_i}{N}$$

が成り立つので，測定値 $\boldsymbol{y}$ の平均 (11.1)，分散 (11.2) はこの確率変数 X の平均（**期待値**）

$$\mu = E[X] = \sum_{i=1}^{n} x_i P(\{X = x_i\}) = \sum_{i=1}^{n} x_i \frac{k_i}{N} = \frac{1}{N} \sum_{i=1}^{n} k_i x_i$$

および分散

$$\sigma^2 = E[(X - \mu)^2] = \sum_{i=1}^{n} (x_i - \mu)^2 P(\{X = x_i\})$$

$$= \sum_{i=1}^{n} (x_i - \mu)^2 \frac{k_i}{N} = \frac{1}{N} \sum_{i=1}^{n} k_i (x_i - \mu)^2$$

に等しい．特に

$$E[1] = \sum_{i=1}^{n} P(\{X = x_i\}) = \frac{1}{N} \sum_{i=1}^{n} k_i$$

より

$$\sigma^2 = E[X^2] - E[X]^2 \geq 0$$

となり，**シュワルツの不等式**

$$E[X^2] \geq E[X]^2 \tag{11.3}$$

が得られる．

11.2 ● 離散分布

前節のように確率変数 X の値が離散的であるとき,X は**離散分布**をもつという.離散分布の例として,二項分布とポアソン分布について述べる.

●**二項分布** ● コインを投げたときの表裏が出る事象は二項分布に従う.ここでは試行回数を n として,そのうちの何回表がでるかを問題にし,順番は問題にしない.この場合のように,起こる事象が 2 つしかない試行のことを**ベルヌーイ試行**という.

ベルヌーイ試行では,一方の事象 A の 1 回の試行での生起確率を p とし,独立な n 回の試行で事象 A が k 回起こることを

$$\{X = k\}$$

で表すと,その生起確率は

$$P(\{X = k\}) = {}_nC_k \cdot p^k \cdot (1-p)^{n-k}, \ k = 1, 2, 3, \ldots, n \tag{11.4}$$

となる.(11.4) を生起確率 $0 < p < 1$,試行回数 n の**二項分布**といい,

$$X \sim B(n, p)$$

と表す.

(11.4) において ${}_nC_r$ は n 個の中から r 個を取り出すときの**組み合わせ**の数である.例えば n 枚の相違なるカードから r 枚を取り出した順番に並べるときの並べ方,すなわち**順列**の数

$$_nP_r = n \cdot (n-1) \cdot (n-2) \cdots (n-r+1) = \frac{n!}{(n-r)!}$$

に対して,${}_nC_r$ は重複を排除して

$$_nC_r = \frac{{}_nP_r}{r!} = \frac{n \cdot (n-1) \cdot (n-2) \cdots (n-r+1)}{r!} = \frac{n!}{(n-r)! \cdot r!}$$

で与えられる.

●**ポアソン分布** ● 滅多に起きない事象で,試行回数が非常に大きい確率変数は**ポアソン分布**に従う.この分布は,二項分布 (11.4) において $np = \lambda$ を固定して,$n \to \infty, p \to 0$ としたものに対応する.

事象 A が k 回おこる確率は，この場合

$$P(\{X = k\}) = \frac{e^{-\lambda}\lambda^k}{k!}, \ k = 0, 1, 2, 3, \ldots,$$

であり，等式

$$e^{\lambda} = \sum_{k=0}^{\infty} \frac{\lambda^k}{k!}$$

より

$$\sum_{k=0}^{\infty} P(\{X = k\}) = 1 \tag{11.5}$$

が得られる．ポアソン分布は λ が大きいと次節で述べる正規分布に近づくことが知られている．

例 11.1　不良品が発生する確率を $p = \dfrac{1}{200}$ として，30 個の抜き取り検査 $(n = 30)$ で不良品が 1 個含まれる確率を計算する．

$$\lambda = np = \frac{30}{200} = 0.15 \tag{11.6}$$

より，

$$P(X = 1) = \frac{e^{-\lambda}\lambda^1}{1!} = \frac{0.15 \cdot e^{-0.15}}{1!} = 0.129\cdots$$

従って，30 個の抜き取り検査を 10 万回行ったときに，不良品が 1 個みつかる期待値は，1 万 2,900 回程度である．

次に不良品が含まれない確率を見るために $k = 0$ とすると

$$P(\{X = 0\}) = \frac{e^{-\lambda}\lambda^k}{k!} = \frac{0.15^0 \cdot e^{-0.15}}{0!} = 0.860\cdots$$

となる．30 個の抜き取り検査をしても不良品が含まれない確率は 0.86 で，10 万回の 30 個抜き取り検査で不良品が見つからない期待値は，8 万 6,000 回程度である．下図は (11.6) で $\lambda = 0.15$ であるとき，1000 個の標本平均の分布を調べるため，その試行を 1 万回繰り返したときのヒストグラムで，正規分布に近いことがわかる．

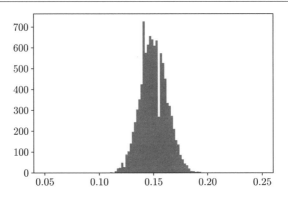

図 11.1   抜き取り検査のヒストグラム

11.3 ● 連続分布

11.1 節では Ω が有限集合のときに確率空間 $(\Omega, \mathcal{F}, P)$ を定めたが，ここでは Ω が無限集合の場合も含めて考え，その厳密な取り扱いはコラム 11 で解説する．

確率空間が与えられると確率変数を定義することができ，確率変数が無限大も許して非負の値を取る場合：

$$X : \Omega \to [0, \infty]$$

には，無限大の値も許してその**積分**（期待値）

$$E[X] = \int_\Omega X(\omega) P(\mathrm{d}\omega) \in [0, \infty]$$

を定めることができる．

無限大も許して符号が変わる確率変数

$$X : \Omega \to [-\infty, \infty] \tag{11.7}$$

に対しは

$$X_\pm = \max\{\pm X, 0\} : \Omega \to [0, \infty]$$

も確率変数で，

$$E[X_\pm] = \int_\Omega X_\pm(\omega) P(\mathrm{d}\omega) \in [0, \infty]$$

を定めることができる．このとき

$$|X| = X_+ + X_-$$

であり，

$$\int_\Omega |X(\omega)| P(\mathrm{d}\omega) < +\infty \tag{11.8}$$

の場合には確率変数 (11.7) の積分を

$$E[X] = E[X_+] - E[X_-]$$

で与えることができる．(11.8) が成り立つとき X は**可積分**であるという．

可積分である確率変数の期待値は，$\infty - \infty$ の不定形を排除して確定することができる．級数の場合に対応するのが 2.2 節で述べた絶対収束であり，8.1 節では，リーマン積分の広義積分についてこの方法を用いて積分値を確定した．

可積分である確率変数の積分 $E[X]$ をその平均または期待値，また

$$V[X] = E[|X - E[X]|^2]$$

を**分散**という．離散分布の場合と同様に，$P(\Omega) = 1$ より

$$V[X] = E[X^2] - E[X]^2 \tag{11.9}$$

であり，$V[X] \geq 0$ からシュワルツの不等式 (11.3) が得られる．

● **分布関数** ●   確率空間 $(\Omega, \mathcal{F}, P)$ 上の確率変数 $X : \Omega \to \mathbb{R}$ に対して，区間 $(-\infty, a]$ 上に値を取るデータの割合

$$F(a) = P(\{X \leq a\})$$

をその**分布関数**という．ただし $\{X \leq a\} = \{\omega \in \Omega \mid X(\omega) \leq a\}$ である．こ 定義より

$$\int_{-\infty}^\infty \mathrm{d}F(x) = F(\infty) - F(-\infty) = 1 - 0 = 1$$

であり，X の期待値，分散は，その分布関数によりそれぞれ

$$E[X] = \int_{-\infty}^\infty x\, \mathrm{d}F(x) = \mu, \quad V[X] = \int_{-\infty}^\infty (x-\mu)^2\, \mathrm{d}F(x)$$

で定まる．

●**正規分布**● 関数

$$f(x) = \frac{1}{\sqrt{2\pi\sigma^2}} e^{-\frac{(x-\mu)^2}{2\sigma^2}}, \quad \sigma > 0, \ \mu \in \mathbb{R} \tag{11.10}$$

に対して分布関数が

$$F(a) = \int_{-\infty}^{a} f(x)\,\mathrm{d}x$$

である分布を**正規分布**という.

変数変換

$$y = \frac{x-\mu}{\sqrt{2\sigma^2}}$$

と等式 (8.9) を用いて得られる

$$\int_{-\infty}^{\infty} f(x)\,\mathrm{d}x = \int_{-\infty}^{\infty} \frac{e^{-(x-\mu)^2/2\sigma^2}}{\sqrt{2\pi\sigma^2}}\,\mathrm{d}x = \frac{1}{\sqrt{\pi}} \int_{-\infty}^{\infty} e^{-y^2}\,\mathrm{d}y = 1$$

より, (11.10) は事象 $A \in \mathcal{F}$ に対して積分

$$P(A) = \int_{A} f(x)\,\mathrm{d}x$$

で定められる確率測度 P と適合することがわかる.

$$\mathrm{d}F(x) = f(x)\,\mathrm{d}x$$

より, 同じ変換によって

$$\int_{-\infty}^{\infty} x f(x)\,\mathrm{d}x = \frac{1}{\sqrt{\pi}} \int_{-\infty}^{\infty} (\sqrt{2}\sigma y + \mu) e^{-y^2}\,\mathrm{d}y = \frac{\mu}{\sqrt{\pi}} \int_{-\infty}^{\infty} e^{-y^2}\,\mathrm{d}y = \mu$$

となるので, この分布をもつ確率変数の平均は μ となる. また

$$\int_{-\infty}^{\infty} (x-\mu)^2 f(x)\,\mathrm{d}x = \frac{2\sigma^2}{\sqrt{\pi}} \int_{-\infty}^{\infty} y^2 e^{-y^2}\,\mathrm{d}y$$

において部分積分より

$$\int_{-\infty}^{\infty} y^2 e^{-y^2}\,\mathrm{d}y = \int_{-\infty}^{\infty} (e^{-y^2})' \left(-\frac{y}{2}\right) \mathrm{d}y = \int_{-\infty}^{\infty} e^{-y^2} \left(\frac{y}{2}\right)' \mathrm{d}y$$

$$= \frac{1}{2} \int_{-\infty}^{\infty} e^{-y^2}\,\mathrm{d}y = \frac{\sqrt{\pi}}{2} \tag{11.11}$$

が成り立つので, 同様の変数変換によって

$$\int_{-\infty}^{\infty} (x-\mu)^2 f(x)\,\mathrm{d}x = \sigma^2 \tag{11.12}$$

となり，この確率変数の分散は σ^2 となる．

正規分布はその平均 μ，分散 σ^2 で定まるので $N(\mu, \sigma^2)$ と書く．

●**標準化**●　測定条件が異なる二つ以上のデータセットを比較する方法として**標準化**がある．標準化はそれぞれの確率変数 X を

$$Z = \frac{X - \mu}{\sigma}$$

に変換するもので，μ, σ は X の平均，分散である．この値を Z **値**という．X が正規分布 $N(\mu, \sigma^2)$ に従う確率変数であるとき，Z 値は $N(0, 1)$ に従うことになる．標準化の応用例として偏差値がある．

例 11.2　下記の M, S の二系統のデータは，単位，平均，分散，標準偏差が異なるが，近い関係を持つことが推定される．

表 11.1　二つのデータセット

	M	S
A	163	1.62
B	171	1.72
C	168	1.68
D	170	1.72
E	156	1.54
F	166	1.64
G	173	1.74

実際，両者を標準化すると似たような数値になる．

章末問題

等式 (11.9), (11.12) を示せ.

ねらい いずれの式も，データサイエンスにおいて基本的な役割を果たす．(11.9) は X が確率変数であることに由来し，実際にデータ分析で分散を計算するときに用いられている．(11.12) は (11.11) を変数変換すると得られ，正規分布 $N(\mu, \sigma^2)$ の分散が σ^2 となることを示している.

● コラム 11　確率変数の定義

確率変数は確率空間上の可測関数を指す．一般に Ω を必ずしも有限でない集合とし，2^Ω を Ω の部分集合全体とする．$\mathcal{F} \subset 2^\Omega$ は可算回の集合演算について閉じているとき，**完全加法集合族**，その元を**可測集合**，またこのような $(\Omega, \mathcal{F})$ を**可測空間**という.

$\mathbb{R}$ に $\pm\infty$ を付け加えた $\Omega = [-\infty, \infty]$ は位相空間になる．Ω を $\mathbb{R}$ の **2 点コンパクト化**という．Ω の開集合全体から生成される完全加法集合族を**ボレル集合族**，その元を**ボレル集合**という．また写像 $X : \Omega \to [-\infty, \infty]$ は任意のボレル集合の逆像が Ω の可測集合であるとき**可測関数**という.

一般に互いに交わらない可算個の Ω の部分集合の族 $F_i \in 2^\Omega$, $i = 1, 2, \ldots$ に対して，

$$\bigcup_{i=1}^{\infty} F_i = \sum_{i=1}^{\infty} F_i$$

と書く．写像 $P : \Omega \to [0, \infty]$ は，互いに交わらない $F_i \in \mathcal{F}$, $i = 1, 2, \ldots$ に対して**完全加法性**

$$P\left(\sum_{i=1}^{\infty} F_i\right) = \sum_{i=1}^{\infty} P(F_i) \tag{11.13}$$

を満たすとき**測度**といい，このときの $(\Omega, \mathcal{F}, P)$ を**測度空間**という．また $P(\Omega) = 1$ である $(\Omega, \mathcal{F}, P)$ を**確率空間**，このときの P を**確率測度**，可測関数を**確率変数**，$\mathcal{F}$ の元を**事象**という.

12 確率

データサイエンスでは，分析結果を確率を用いて表示する場合が多い．前章では
データを確率空間上の確率変数として記述するできることを述べたが，本章では，確
率空間そのもの，特にベイズの定理について述べる．ベイズの定理は，関連がある
情報をもとにその事象が生起する確率を与える式で，ベイジアンネットワークなど，
ベイズ推定の基礎になっている．

12.1 ● 条件付き確率

$(\Omega, \mathcal{F}, P)$ を確率空間，事象 $A, B \in \mathcal{F}$ に対して，A と B が同時に起こる確
率 $P(A \cap B)$ を**共起確率**という．このとき**加法定理**

$$P(A \cup B) = P(A) + P(B) - P(A \cap B)$$

が成り立つ．事象 $A, B \in \mathcal{F}$ は $A \cap B = \emptyset$ であるとき互いに**排反**であるとい
う．このときは $P(\emptyset) = 0$ から排反事象の共起確率はゼロとなり，

$$P(A \cup B) = P(A) + P(B)$$

が得られる．この式を**有限加法性**といい，完全加法性 (11.13) の特別な場合で
ある．

乗法定理

$$P(A \cap B) = P(A) \cdot P(B) \tag{12.1}$$

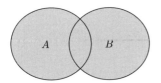 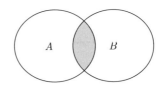

図 12.1 加法定理

が成り立つとき，事象 A, B は**独立**であるという．一般の場合は，

$$P(A \cap B) = P(B) \cdot P(A \mid B) \tag{12.2}$$

と書き，$P(B) \neq 0$ のとき

$$P(A \mid B) = \frac{P(A \cap B)}{P(B)} \tag{12.3}$$

を B が発生したとき A が生起する**条件付き確率**であるという．A, B が独立であれば (12.1) が成り立ち，

$$P(A \mid B) = P(A)$$

となる．

以後集合 A の**補集合**を $A^c = \Omega \setminus A$ と書く．従って

$$P(A^c) = P(\Omega) - P(A) = 1 - P(A)$$

が成り立つ．

例 12.1　下の表が成り立つとすると，事象 A, B は左では独立であるが，右では独立でない．

表 12.1　コイン投げ

1 回目	2 回目
B：表	A：裏 1/2
1/2	A^c：表 1/2
B^c：裏	A：裏 1/2
1/2	A^c：表 1/2

表 12.2　喫煙

性別	喫煙
B：男	A：喫煙者 1/4
1/2	A^c：非喫煙者 3/4
B^c：女	A：喫煙者 1/6
1/2	A^c：非喫煙者 5/6

実際，コイン投げでは 1 回目に表が出る事象を B，2 回目に裏が出る事象を A とすると

$$P(A \mid B) = \frac{1}{2}$$

であり，

$$P(A) = P(A \cap B) + P(A \cap B^c) = P(B)P(A \mid B) + P(B^c)P(A \mid B^c)$$

$$= \frac{1}{2} \cdot \frac{1}{2} + \frac{1}{2} \cdot \frac{1}{2} = \frac{1}{2}$$

より

$$P(A\,|\,B) = P(A)$$

となる.

一方,喫煙では被験者が喫煙者である事象を A,男性である事象を B とすると,男性の喫煙者の割合が

$$P(A\,|\,B) = \frac{1}{4}$$

であるのに対して,被験者が女性であるとき,その人が喫煙者である割合は

$$P(A\,|\,B^c) = \frac{1}{6}$$

であるので,全体の喫煙者の割合は

$$P(A) = P(A \cap B) + P(A \cap B^c) = P(B)P(A\,|\,B) + P(B^c)P(A\,|\,B^c)$$

$$= \frac{1}{2} \cdot \frac{1}{4} + \frac{1}{2} \cdot \frac{1}{6} = \frac{5}{24}$$

であり,全体の喫煙者の割合よりも,男性の喫煙者の割合のほうが高い.

12.2 ● ベイズの定理

ベイズの定理は,事象 A, B が独立でないとき,例えば B が生起しているという条件のもとで,A が生起する確率を与える公式である.

定理 12.1 事象 A, B に対し

$$P(A\,|\,B) = \frac{P(B\,|\,A) \cdot P(A)}{P(B\,|\,A) \cdot P(A) + P(B\,|\,A^c) \cdot P(A^c)} \tag{12.4}$$

および

$$P(A^c\,|\,B) = \frac{P(B\,|\,A^c) \cdot P(A^c)}{P(B\,|\,A) \cdot P(A) + P(B\,|\,A^c) \cdot P(A^c)} \tag{12.5}$$

が成り立つ.

証明　(12.2) において A, B を入れ替えると

$$P(A \cap B) = P(A) \cdot P(B\,|\,A) \tag{12.6}$$

となり,この式と (12.3) より

$$P(A\,|\,B) = \frac{P(B\,|\,A) \cdot P(A)}{P(B)}$$

が得られる．一方，加法定理より

$$P(B) = P(B \cap A) + P(B \cap A^c) \tag{12.7}$$

が成り立つ．また (12.2) において A, A^c を入れ替えると

$$P(B \cap A) = P(B|A) \cdot P(A), \quad P(B \cap A^c) = P(B|A^c) \cdot P(A^c)$$

となり，この式と (12.6), (12.7) より (12.4) が成り立つ．

(12.4) において A, A^c を入れ替えても分母は不変であり，このことから (12.5) が得られる．

例題 12.1 遺伝子 a は日本人の $\dfrac{2}{3}$ がもち，残りの $\dfrac{1}{3}$ はもっていない．遺伝子 a をもっている人は全員ウイルス b に対して耐性があるが，もっていない人は全体の $\dfrac{1}{2}$ しか耐性がない．ある人を調べたところウイルス b に対して耐性をもっていた．この人が遺伝子 a をもっている確率を求めよ．

解 以下のように分類する：

$$B：耐性 b あり \qquad B^c：耐性 b なし$$
$$A：遺伝子 a あり \qquad A^c：遺伝子 a なし$$

このとき次が成り立つ：

$$P(A) = \frac{2}{3}, \ P(A^c) = \frac{1}{3}, \ P(B|A) = 1, \ P(B|A^c) = \frac{1}{2}$$

(12.4) に代入して

$$P(A|B) = \frac{P(B|A) \cdot P(A)}{P(B|A) \cdot P(A) + P(B|A^c) \cdot P(A^c)}$$

$$= \frac{1 \cdot \frac{2}{3}}{1 \cdot \frac{2}{3} + \frac{1}{2} \cdot \frac{1}{3}} = \frac{4}{5}$$

が得られる．

上記例題では，何も情報がなければ遺伝子 a をもっている確率は $\dfrac{2}{3}$ であるが，耐性 b をもっているということから，遺伝子 a をもつ確率が $\dfrac{4}{5}$ に上がる．

●**確信度**●　(12.4) の右辺の分子を**確信度**，そのうちの $P(A)$ を**事前確率**，左辺の $P(A\,|\,B)$ を**事後確率**という．(12.5) では $P(B\,|\,A^c) \cdot P(A^c)$ が確信度，$P(A^c\,|\,B)$, $P(A^c)$ がそれぞれ事後確率，事前確率である．

　確信度を用いた事後確率の計算事例として，[7] では，迷惑メールの判別が述べられている．最初に，A を迷惑メール，B を文中に「請求書」を含んでいる事象として，サンプル調査によって事後確率を求める．この例では，迷惑メール 10 通のうちで，文中に「請求書」を含むものが 6 通，正常メール 10 通のうちで，文中に「請求書」を含むものが 1 通であったとして

$$P(B\,|\,A) = \frac{6}{10} = 0.6, \quad P(B\,|\,A^c) = \frac{1}{10} = 0.1$$

とし，次に事前確率として経験的に $P(A) = P(A^c) = 0.5$ であるとしている．

　このとき (12.4)-(12.5) より

$$P(A\,|\,B) \propto P(B\,|\,A) \cdot P(A) = 0.6 \times 0.5 = 0.3$$

$$P(A^c\,|\,B) \propto P(B\,|\,A^c) \cdot P(A^c) = 0.1 \times 0.5 = 0.05$$

となり，さらに

$$P(A\,|\,B) + P(A^c\,|\,B) = P(\Omega\,|\,B) = 1$$

であるから

$$P(A\,|\,B) = \frac{0.3}{0.3 + 0.05} = 0.86, \quad P(A^c\,|\,B) = \frac{0.05}{0.3 + 0.05} = 0.14$$

が得られる．

●**診断テスト**●　**診断テスト**は臨床医学で適用されるベイズの定理の一例である．ある疾患について，集団における患者（事象 A）の割合がわかっているとする．またある検査キッドがあり，この集団の一人がそのキッドで陽性（事象 B）であったとする．この場合，その人は，この検査キッドの患者と非患者に対する陽性率に応じて，患者である確率が変化する．診断テストでは以下の用語を用いる．

(1) **有病率**．ある時点において特定の疾患を有している人の割合．$P(A)$

(2) **感度**．その疾患患者が診断テストで陽性を示す割合．$P(B\,|\,A)$

(3) **特異度**．罹患していない人が，診断テストで陰性を示す割合．$P(B^c\,|\,A^c)$

(4) **陽性的中度**．診断テストで陽性になった人が，当該疾患である割合．$P(A\,|\,B)$

疾病についての有病率，検査キッドの感度，特異度がわかっている場合，陽性的中度を

$$P(B\,|\,A^c) = P(\Omega\,|\,A^c) - P(B^c\,|\,A^c) = 1 - P(B^c\,|\,A^c)$$

を用いて，(12.4) によって求める．

有病率と間違いやすい用語に**罹患率**がある．罹患率は，一定期間に発生した特定の疾病が，新たに診断された人の割合である．

章末問題

ある製品を作る 2 台の機械 A, B があり，機械 A, B はそれぞれ 1 %, 2 % の割合で不良品を出す．また，全製品の 70 % を機械 A, 30 % を機械 B が製造している．

(1) 1 個の製品を取り出したとき，それが機械 A から製造された不良品である確率を求めよ．

(2) 1 個の製品を取り出し，それが不良品だったとき，この製品は機械 A, B のどちらから製造されたものであると推測できるか．

> **ねらい** ベイズの定理を用いて事後確率を計算する．

● コラム 12 ベイジアンネットワーク (BN)

ベイジアンネットワーク（BN）は，確率変数間の因果関係を視覚的に表現する方法で，下に示す有向非循環グラフと条件付き確率表から，各ノード毎にその親ノードの集合を条件とする条件付き確率表を作る．

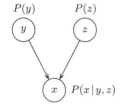

図 12.2 有向非循環グラフ

表 12.3 $P(x\,|\,y, z)$ の条件付き確率表

Y	Z	$X = 1$	$X = 0$
1	1	0.85	0.15
1	0	0.9	0.1
0	1	0.4	0.6
0	0	0.05	0.95

第 II 部

データサイエンス基礎

13 相関と回帰

- -

本章は多変量解析の基礎である相関と回帰を扱う．相関係数は共分散を正規化したもので，データ間の正負の相関やゼロ相関を明確にする．一方，回帰分析はデータの従う規則を取り出して，統計モデルを構築する．相関係数から因果関係を推定することはできないが，回帰分析では因果関係を推定し，説明変数を用いて目的変数を再現する．この操作は，過剰決定系において連立1次方程式の擬似逆元を求めることに他ならない．

13.1 ● 相関

二個以上のデータ $x_i \in \mathbb{R}^N$, $1 \le i \le n$, $n \ge 2$ を**多変量データ**，その統計解析を**多変量解析**という．11.1 節に従って 1 変量データ $x = (x_j) \in \mathbb{R}^N$ を確率変数

$$X : \Omega \to \mathbb{R}, \quad \Omega = \{1, 2, \ldots, N\}$$

とみなせば，多変量データは同一の確率空間 $(\Omega, \mathcal{F}, P)$ 上の確率変数の族 $X_i : \Omega \to \mathbb{R}$, $1 \le i \le n$ であるとすることができる．例えば同一集団のヒトの身長と体重の測定値のセットは 2 変量データになる．

相関と回帰は多変量解析で最も基本的なものの1つである．この節では相関について述べる．**相関**はデータの間に関連があるかどうかどうかを示す概念であり，データ間の相関は**相関係数**によって判定する．すなわち二組のデータ

$$x = (x_1, \ldots, x_N), \ y = (y_1, \ldots, y_N)$$

に対し，それらの平均を

$$\overline{x} = \frac{1}{N} \sum_{i=1}^{N} x_i, \quad \overline{y} = \frac{1}{N} \sum_{i=1}^{N} y_i$$

標準偏差を

$$s_x = \left\{ \frac{1}{N} \sum_{i=1}^{N} (x_i - \overline{x})^2 \right\}^{1/2}, \ s_y = \left\{ \frac{1}{N} \sum_{i=1}^{N} (y_i - \overline{y})^2 \right\}^{1/2}$$

とするとき，**共分散**を

$$s_{xy} = \frac{1}{N} \sum_{i=1}^{N} (x_i - \overline{x})(y_i - \overline{y})$$

ピアソンの相関係数を

$$r = \frac{s_{xy}}{s_x s_y} \in [-1, 1]$$

で定める．このとき

$$r \approx 1, \ r \approx -1, \ r \approx 0$$

であれば，x, y は，それぞれ正の相関あり，負の相関あり，相関なしという．また $|r|$ が 1 に近いほど，両者は強い相関をもつという．

　測定エラー等によって，他のデータから大きく離れたデータが得られることがあり，そのようなデータを**外れ値**という．ピアソンの相関係数はすべてのデータを平等に扱うため，外れ値の影響を受けやすい．

●**ノンパラメトリック相関係数** ● ノンパラメトリック相関係数は，数値を順位に変えて相関をとった**順位相関係数**である．通常の相関係数では，データが厳密に直線状に並ぶ場合に 1 または −1 となるのに対し，順位相関係数は x の順位と y の順位が一致すれば 1，逆順になっていれば −1 となる．ノンパラメトリック相関係数は，外れ値の影響を受けにくいのが特徴である．

　スピアマンの相関係数 ρ は，$1 \leq i \leq N$ に対し，x_i, y_i の順位をそれぞれ r_i, s_i とするとき，

$$\rho = \frac{\displaystyle\sum_{i=1}^{N} (r_i - \overline{r})(s_i - \overline{s})}{\sqrt{\displaystyle\sum_{i=1}^{N} (r_i - \overline{r})^2} \sqrt{\displaystyle\sum_{i=1}^{N} (s_i - \overline{s})^2}}, \quad \overline{r} = \frac{1}{N} \sum_{i=1}^{N} r_i, \ \overline{s} = \frac{1}{N} \sum_{i=1}^{N} s_i$$

で定める．

ケンドルの相関係数 τ は順位相関を計測する別の方法で，n 項目のデータ
セット $\boldsymbol{x} = (x_1, \ldots, x_N)$, $\boldsymbol{y} = (y_1, \ldots, y_N)$ に対して $\boldsymbol{x}$, $\boldsymbol{y}$ の 2 項目を選んだ
ときに順位関係が一致する組の数

$$K = \#\{\{i,j\} \mid x_i < x_j, y_i < y_j \text{ または } x_i > x_j, y_i > y_j\}$$

と，同じく順位関係が一致しない組の数

$$L = \#\{\{i,j\} \mid x_i < x_j, y_i > y_j \text{ または } x_i > x_j, y_i < y_j\}$$

を求め，それらの差を 2 項目の組の総数 $_n\mathrm{C}_2 = \dfrac{1}{2}n(n-1)$ で割って標準化
した

$$\tau = \frac{K - L}{_n\mathrm{C}_2}$$

で与える．

13.2 ● 回帰

相関と因果を区別することは，データを扱う際の基本事項である．相関係数
は 2 組のデータを平等に扱って求めるもので，両者の因果関係を説明するもの
ではない．例えばデータ $\boldsymbol{x}$ とデータ $\boldsymbol{y}$ の間に強い正の相関があったとしても，
$\boldsymbol{x}$ が原因で $\boldsymbol{y}$ が発生しているとか，逆に $\boldsymbol{y}$ が原因で $\boldsymbol{x}$ が発生しているとかを
推論することはできない．別の要因 $\boldsymbol{z}$ があり，$\boldsymbol{z}$ が原因で $\boldsymbol{x}$ と $\boldsymbol{y}$ が同時に発
生しているかも知れない．

多変量解析において，入力したデータから数値を予測することを**回帰問題**と
いい，データを用いてデータの変化を別のデータを用いて定量的に分析するこ
とを**回帰分析**という．従ってここでいうデータは

$$(\boldsymbol{x}_i, y_i), \ y_i \in \mathbb{R}, \ \boldsymbol{x}_i \in \mathbb{R}^n, \quad 1 \le i \le N \tag{13.1}$$

のようなサンプルデータで，回帰分析ではこのデータを要約して，**目的変数**
$y \in \mathbb{R}$ を**説明変数** $\boldsymbol{x} \in \mathbb{R}^n$ の関数で表す．回帰分析は説明変数が**原因**であり，
目的関数が**結果**であると推論して，未知の状況を推定するものである．

(13.1) において，説明変数の次元が $n \ge 2$ の場合を**重回帰**，$n = 1$ のとき
を**単回帰**という．例えば，年ごとの平均気温，平均降水量，平均日照時間から
なる 3 次元ベクトル $\boldsymbol{x} \in \mathbb{R}^3$ とその年の収穫量 $y \in \mathbb{R}$ に対して，10 年分の年
間データ (13.1)，$N = 10$ があり，$\boldsymbol{x}$ を説明変数，y を目的変数として回帰分析

する場合では，気温，降水量，日照時間を原因とし，収穫量が結果であるとして，その因果の規則を定めることになる．

通常，回帰問題は過剰決定系で設定されている．**線形回帰**では

$$w_j \in \mathbb{R}, \quad 0 \le j \le n \tag{13.2}$$

を係数として，目的変数 y を，説明変数 $\boldsymbol{x} = (x_1, \ldots, x_n)^T$ に対する線形の関係式

$$y = w_0 + \sum_{j=1}^{n} w_j x_j \tag{13.3}$$

で表す．

(13.3) によって，与えられたデータ (13.1) が完全に説明できるのであれば

$$y_i = w_0 + \sum_{j=1}^{n} w_j x_{ij}, \quad \boldsymbol{x}_i = (x_{i1}, \ldots, x_{in})^T \in \mathbb{R}^n \tag{13.4}$$

が成り立つことになる．式 (13.4) をベクトルと行列で書けば

$$\begin{pmatrix} 1 & x_{11} & \cdots & x_{1n} \\ 1 & x_{21} & \cdots & x_{2n} \\ \vdots & \vdots & \vdots & \vdots \\ 1 & x_{N1} & \cdots & x_{Nn} \end{pmatrix} \begin{pmatrix} w_0 \\ w_1 \\ \vdots \\ w_n \end{pmatrix} = \begin{pmatrix} y_1 \\ y_2 \\ \vdots \\ y_N \end{pmatrix} \tag{13.5}$$

であり，

$$\boldsymbol{y} = (y_1, y_2, \ldots, y_N)^T \in \mathbb{R}^N$$

を既知ベクトルとして，回帰係数

$$\boldsymbol{w} = (w_0, w_1, \ldots, w_n)^T \in \mathbb{R}^{n+1}$$

を求めればよい．

(13.5) において $N > n+1$ であれば過剰決定系，$N < n+1$ であれば不足決定系である．通常，回帰分析は過剰決定系で設定され，(13.5) が $\boldsymbol{w}$ について厳密解をもたないのが普通である．そこで $\boldsymbol{w}$ の擬似逆元 $\boldsymbol{w}^{\dagger}$ を用いて厳密解の

代わりとする．10.1 節で示したように，行列

$$A = \begin{pmatrix} 1 & x_{11} & \cdots & x_{1n} \\ 1 & x_{21} & \cdots & x_{2n} \\ \vdots & \vdots & \vdots & \vdots \\ 1 & x_{N1} & \cdots & x_{Nn} \end{pmatrix} \tag{13.6}$$

がフルランクの場合でも，ランク落ちの場合でも $\boldsymbol{w}^\dagger$ はデータと予測値との最小二乗誤差の最小値を達成する．$\boldsymbol{w}^\dagger$ を計算するためには A の擬似逆行列 $A^\dagger$ を求め，

$$\boldsymbol{w}^\dagger = A^\dagger \boldsymbol{y}$$

とすればよい．

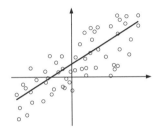

図 13.1 線形単回帰

● **多重共線性** ● 上述したように，重回帰分析は (13.6) で定める係数行列 A の擬似逆行列 $A^\dagger$ を求めることに帰着される．A はランク落ちしていてもよいが，次章で述べるように特異値がゼロに近くなると，擬似逆元は数値的に不安定となる．

実際，説明変数の間に強い相関がある場合には A の特異値がゼロに近くなるので，データのばらつきに対して回帰式の予測が不安定となり，高い精度も得られない．このことを**多重共線性**という．多重共線性を回避するために，説明変数ごとに単回帰分析して，目的変数との相関の強弱を判定したり，説明変数間の相関係数を調べたりする．これらの調査結果の評価指標として，前者では説明変数の統計的有意性を検証する p **値**，後者では説明変数を整理してモデルの妥当性を検証する F **値**が使われる．

● **多項式回帰** ●　多項式回帰分析は，サンプルデータが複雑な分布のときに用いられる．例えば説明変数が 1 の場合のデータ

$$(x_i, y_i), \ x_i \in \mathbb{R}, \ y_i \in \mathbb{R}, \quad 1 \le i \le N$$

を m 次の多項式で当てはめるとすると，(13.4) に対応する式は

$$y_i = w_0 + w_1 x_i + \cdots + w_m x_i{}^m, \quad 1 \le i \le N \tag{13.7}$$

となる．ベクトルと行列で書けば

$$\begin{pmatrix} 1 & x_1 & \cdots & x_1{}^m \\ 1 & x_2 & \cdots & x_2{}^m \\ \vdots & \vdots & \vdots & \vdots \\ 1 & x_N & \cdots & x_N{}^m \end{pmatrix} \begin{pmatrix} w_0 \\ w_1 \\ \vdots \\ w_m \end{pmatrix} = \begin{pmatrix} y_1 \\ y_2 \\ \vdots \\ y_N \end{pmatrix} \tag{13.8}$$

であり，$N > m + 1$ が過剰決定系，$N < m + 1$ が不足決定系である．多重線形回帰と同じように (13.8) の擬似逆元を取れば，多項式回帰

$$y = w_0 + w_1 x + \cdots + w_m x^m$$

の回帰係数 $w_0, \ldots, w_m$ を求めることができる．

● **ロジスティック回帰** ●　**ロジスティック回帰**は事象が生起する確率を推定する方法である．例えば説明変数 x を学習時間，目的変数 $y = 0, 1$ を合否として単純に単回帰すると

$$y = ax + b \tag{13.9}$$

となる $a, b \in \mathbb{R}$ を求めることになるが，この場合，y は 1.0 や 0.8 のような連続値になる．また y の値が 1 を越えたり，負になってしまうこともある．

　ロジスティック回帰では目的関数を連続量である推定合格確率 $0 < p < 1$ にするために，**オッズ**

$$r = \frac{p}{1 - p}$$

を用いて y を**ロジット関数** $y = \log r$ で定める．(13.9) より

$$\log \frac{p}{1 - p} = ax + b$$

となり，p の回帰式は

$$p = \frac{1}{1 + e^{-(ax+b)}}$$

で与えられる．

章末問題

　独立行政法人統計センターから，総務省・家計調査データを教育用に編集したデータセットが公開されている[※1]．このデータセットを用い，相関が高いと思われる変量を 2 つ選んで，単回帰分析を実施せよ．また得られた結果について考察を加えよ．

ねらい　実データの分析によって，理論の理解を深め，分析スキルを高める．特に相関があっても，因果関係があることを意味しないことを，実例によって体験する．単回帰分析はエクセルでも実施可能である．

● コラム 13　サポートベクターマシン

　統計的機械学習は大きく分けて，回帰分析と分類・識別分析に分けられる．過剰決定系に対する最適化の方法は，回帰分析だけでなく**分類・識別分析**でも使われている．

　サポートベクターマシン (SVM) はデータの組 $\boldsymbol{x}_i \in \mathbb{R}^n$, $1 \leq i \leq N$ を 2 つのグループに分けるときに使われる．線形回帰ではデータと予測との二乗誤差を最小にするように回帰係数を定めたが，SVM では $\mathbb{R}^n$ の超平面

$$H : \boldsymbol{w} \cdot \boldsymbol{x} + w_0 = 0$$

でデータを分離し，そのときの**マージン**

$$\min_i \mathrm{dist}(\boldsymbol{x}_i, H)$$

を最大化する $\boldsymbol{w} \in \mathbb{R}^n$, $w_0 \in \mathbb{R}$ を選ぶ．ただし $\mathrm{dist}(\boldsymbol{x}_i, H)$ は点 $\boldsymbol{x}_i \in \mathbb{R}^n$ と超平面 H との距離である．

[※1] https://www.nstac.go.jp/SSDSE/

14 正則化の技法

> データが足りない不足決定系では解は無数にあり得るので，何らかの基準で「解」を選び出さなければならない．回帰分析のような過剰決定系とは異なり，その場合には擬似逆元を解とすることが，妥当でない場合もある．例えば，宇宙のかなたのブラックホールから届く観測画像データから，その実体を再現しようとする場合には，ゼロ成分が多い画素ベクトルを解として取り出すことが必要になるが，このようなスパースなベクトルは擬似逆元ではとらえられない．スパースモデリングは，不足決定系においてスパースな「解」を取り出す方法として開発されたもので，その基盤となっているのが正則化の技法である．本章は正則化の技法の一般論を述べ，連立1次方程式の擬似逆元とスパースモデリングとの関係を説明する．

14.1 ● チコノフ正則化

不足決定系では方程式の数よりも未知数の数が多いので，厳密解が無数に存在し得る．例えば，3次元イメージを2次元画像から再現する場合は不足決定系であり，錯視はその結果として発生する．

10.1 節で述べたように，擬似逆元 $\boldsymbol{x}^{\dagger}$ は，$A \in M_{m,n}(\mathbb{R})$ に対し，

$$\boldsymbol{x} \in \mathbb{R}^n, \quad A\boldsymbol{x} = \boldsymbol{b} \in \mathbb{R}^m \tag{14.1}$$

の「解」を次の手順で定めたものである．

(1) 誤差 $E(\boldsymbol{x}) = |A\boldsymbol{x} - \boldsymbol{b}|^2$ を最小にする $\boldsymbol{x}$ を $\boldsymbol{x} = \overline{\boldsymbol{x}}$ とする．

(2) 上記 $\overline{\boldsymbol{x}}$ のうちで $|\overline{\boldsymbol{x}}|$ が最小となるものを $\overline{\boldsymbol{x}} = \boldsymbol{x}^{\dagger}$ とする．

第1の条件は $\overline{\boldsymbol{x}}$ が正規方程式

$$A^T A \overline{\boldsymbol{x}} = A^T \boldsymbol{b} \tag{14.2}$$

の解であることと同値であり，第2の条件は正規方程式の解 $\boldsymbol{x}^{\dagger}$ が $\boldsymbol{x}^{\dagger} \in R(A^T)$ を満たすことと同値である．

(14.1) において擬似逆元 $\boldsymbol{x}^{\dagger}$ は一意存在するが，A がゼロに近い特異値をも

つと，スカラー関数

$$f(\sigma) = \begin{cases} \sigma^{-1}, & \sigma \neq 0 \\ 0, & \sigma = 0 \end{cases}$$

が $\sigma = 0$ で連続とならないのと同様に，行列 A の摂動に対して擬似逆行列 $A^\dagger$ は大きく揺らぐ．また (14.1) において A が 0 に近い特異値をもつ場合には，$\boldsymbol{b}$ の小さな摂動に対して $\boldsymbol{x}^\dagger$ の変動が大きくなる場合があり，そのときは擬似逆元の値を数値的に求めることが困難になる．これらのことから，不足決定系の多くは，コラム 10 で述べた**非適切問題**になる．**正則化**はこの困難，とくに安定性の欠如を解決する方法として開発されたもので，科学技術計算では**ペナルティ法**と呼ばれることが多い．

最も標準的な**チコノフ正則化**では $\alpha > 0$ をパラメータとして，E のかわりに

$$E_\alpha(\boldsymbol{x}) = |A\boldsymbol{x} - \boldsymbol{b}|^2 + \alpha|\boldsymbol{x}|^2 \tag{14.3}$$

を導入し，その最小を達成する $\boldsymbol{x}_\alpha$ を求めて $\alpha \downarrow 0$ とする．この $E_\alpha(\boldsymbol{x})$ は $\boldsymbol{x} \in \mathbb{R}^n$ について凸であり，統御的

$$\lim_{|\boldsymbol{x}| \to \infty} E_\alpha(\boldsymbol{x}) = +\infty$$

であるので6.3節で述べたように最小値が存在する．その値を達成する $\boldsymbol{x} = \boldsymbol{x}_\alpha$ は

$$\nabla_{\boldsymbol{x}} E_\alpha(\boldsymbol{x}) = 0 \tag{14.4}$$

によって定められ，$E_\alpha(\boldsymbol{x})$ が狭義凸，すなわち

$$\boldsymbol{x}, \boldsymbol{y} \in \mathbb{R}^n, \, 0 < \lambda < 1$$

$$\implies E_\alpha(\lambda\boldsymbol{x} + (1-\lambda)\boldsymbol{y}) < \lambda E_\alpha(\boldsymbol{x}) + (1-\lambda)E_\alpha(\boldsymbol{y})$$

であるので一意である．(14.3) の $\alpha|\boldsymbol{x}|^2$ を**ペナルティ項**という．

実際 (14.4) において

$$\frac{1}{2}\nabla_{\boldsymbol{x}} E_\alpha(\boldsymbol{x}) = A^T A\boldsymbol{x} - A^T\boldsymbol{b} + \alpha\boldsymbol{x} \tag{14.5}$$

であるので，I を単位行列として

$$(A^T A + \alpha I)\boldsymbol{x}_\alpha = A^T\boldsymbol{b} \tag{14.6}$$

が成り立つ. ここで $A^T A + \alpha I$ は正定値実対称行列であるのでその逆行列が存在し,

$$\boldsymbol{x}_\alpha = (A^T A + \alpha I)^{-1} A^T \boldsymbol{b} \tag{14.7}$$

となる.

(14.7) は, (14.5) のかわりに, 9.4 節で述べた間接法を用いて導出することもできる. すなわち $\boldsymbol{x} = \boldsymbol{x}_\alpha$ は任意の $\boldsymbol{y} \in \mathbb{R}^n$ について

$$\frac{\mathrm{d}}{\mathrm{d}s} E_\alpha(\boldsymbol{x} + s\boldsymbol{y})\Big|_{s=0} = 0$$

を満たす. ここで $\mathbb{R}^n$, $\mathbb{R}^m$ の内積を $(\ ,\ )$ と書くことにすると

$$E_\alpha(\boldsymbol{x} + s\boldsymbol{y}) = (A\boldsymbol{x} + sA\boldsymbol{y} - \boldsymbol{b}, A\boldsymbol{x} + sA\boldsymbol{y} - \boldsymbol{b}) + \alpha(\boldsymbol{x} + s\boldsymbol{y}, \boldsymbol{x} + s\boldsymbol{y})$$

より

$$\frac{1}{2}\frac{\mathrm{d}}{\mathrm{d}s} E_\alpha(\boldsymbol{x} + s\boldsymbol{y})\Big|_{s=0} = (A\boldsymbol{x} - \boldsymbol{b}, A\boldsymbol{y}) + \alpha(\boldsymbol{x}, \boldsymbol{y})$$
$$= (A^T A\boldsymbol{x} - A^T \boldsymbol{b} + \alpha\boldsymbol{x}, \boldsymbol{y}) = 0$$

となり $\boldsymbol{y} \in \mathbb{R}^n$ の任意性から (14.7) を得る.

式 (14.7) から次の定理が得られる.

定理 14.1　常に

$$\lim_{\alpha \downarrow 0} \boldsymbol{x}_\alpha = \boldsymbol{x}^\dagger \tag{14.8}$$

が成り立つ.

証明　4.2 節で述べたように, 一般に $K = (k_{ij}) \in M_{n,n}(\mathbb{R})$ の行列ノルムは

$$\|K\| = \left(\sum_{i,j=1}^n k_{ij}{}^2\right)^{1/2}$$

で与えられ, シュワルツの不等式から

$$|K\boldsymbol{x}| \leq \|K\||\boldsymbol{x}|, \quad \boldsymbol{x} \in \mathbb{R}^n$$

が成り立つ. K が実対称行列であるときは, 直交行列で対角化することで, K の固有値全体 $\sigma(K)$ に対して

$$\|K\| = \max_{\lambda \in \sigma(K)} |\lambda|$$

となることがわかる. 特に $K \geq 0$ のときは

$$\|(K + \alpha I)^{-1} K\| \leq 1, \quad \alpha > 0 \tag{14.9}$$

が成り立つ.

$\overline{x}$ を正規化方程式 (14.2) の任意の解とすると (14.7) より

$$x_\alpha = (A^T A + \alpha I)^{-1} A^T A \overline{x}$$

であり, (14.9) を $K = A^T A$ に適用すれば

$$|x_\alpha| \leq |\overline{x}| \tag{14.10}$$

が得られる.

特に x_α は有界で, 与えられた $\alpha_k \downarrow 0$ に対し, 同じ記号で書く部分列と $x_* \in \mathbb{R}^n$ が存在して

$$\lim_{k \to \infty} x_{\alpha_k} = x_*$$

となる. 等式

$$(A^T A + \alpha I) x_\alpha = A^T b$$

において $\alpha = \alpha_k, k \to \infty$ とすれば

$$A^T A x_* = A^T b$$

となり x_* も正規方程式の解で, (14.10) より

$$|x_*| \leq |\overline{x}|$$

を満たすので, $x_* = x^\dagger$ となる.

最後に $x^\dagger = A^\dagger b$ は一意に定まるので, 部分列の取り方に依らず (14.8) が成り立つ.

14.2 ● リッジ正則化

多くの場合, (14.1) が不足決定系 $m < n$ であるときは

$$H = \{ x \in \mathbb{R}^n \mid Ax = b \} \tag{14.11}$$

は空でないアフィン空間で, $x^\dagger$ を含む. また (14.7) において実対称行列として

$$(A^T A + \alpha_2 I)^{-1} \geq (A^T A + \alpha_1 I)^{-1}, \quad \alpha_1 > \alpha_2 > 0$$

が成り立つので，$|\boldsymbol{x}_\alpha|$ は $\alpha \downarrow 0$ とともに単調に増加して

$$\lim_{\alpha \downarrow 0} |\boldsymbol{x}_\alpha| = |\boldsymbol{x}^\dagger|$$

となる．

(14.6) より $\alpha > 0$ に対して

$$A\boldsymbol{x}_\alpha = \boldsymbol{b}$$

が成り立つとすると $\boldsymbol{x}_\alpha = 0$ であり，$\boldsymbol{b} = \boldsymbol{0}$ となる．従って $\boldsymbol{b} \neq \boldsymbol{0}$ のときは，$\boldsymbol{x}_\alpha$ は H 上には存在しない．以下 $\boldsymbol{b} \neq \boldsymbol{0}$ の場合を考える．

このとき

$$|\boldsymbol{x}| = |\boldsymbol{x}_\alpha| = r$$

である $\boldsymbol{x}$ に対しては

$$E_\alpha(\boldsymbol{x}) \geq E_\alpha(\boldsymbol{x}_\alpha)$$

から

$$|A\boldsymbol{x} - \boldsymbol{b}|^2 \geq |A\boldsymbol{x}_\alpha - \boldsymbol{b}|^2$$

となる．従って $\boldsymbol{x}_\alpha$ は

$$\min_{|\boldsymbol{x}|=r} |A\boldsymbol{x} - \boldsymbol{b}|^2 > 0$$

を達成する．

すなわち，$|\boldsymbol{x}_\alpha| = r$ に対し，n 次元球面

$$K_r = \{\boldsymbol{x} \in \mathbb{R}^n \mid |\boldsymbol{x}| = r\} \tag{14.12}$$

は H と共通部分をもたず，$\boldsymbol{x}_\alpha$ は K_r 上で，H との距離の最小値を達成し，$\alpha \downarrow 0$ とともに r が増大して，$\boldsymbol{x}_\alpha$ は $\boldsymbol{x}^\dagger$ に収束する．

チコノフ正則化において十分小さい $\alpha > 0$ を固定し，$\boldsymbol{x}_\alpha$ を $\boldsymbol{x}^\dagger$ の代わりに使用することも多い．データサイエンスではこの方法を**リッジ正則化**と呼んでいる．

14.3 ● ラッソ (LASSO)

不足決定系 $m < n$ に対するチコノフ正則化は，(14.11), (14.12) で H, K_r を定めるとき，$0 < r \ll 1$ に対して，K_r 上 H との距離を最小にする点を求め，次に r を増大させてその点を追跡し，最終的に K_r を H に接触させること

で $x^\dagger$ を求める方法である. 10.1 節で述べたように, この $x^\dagger$ は H 上で, $|x|$ を最小にするベクトルとなる.

ここで, $|x|$ は ℓ^2（ユークリッド）ノルム, すなわち

$$|x| = |x|_2 = \left(\sum_{i=1}^n x_i{}^2 \right)^{1/2}, \quad x = (x_1, \ldots, x_n)^T$$

であるので, 単位球

$$B = \{x \in \mathbb{R}^n \mid |x|_2 \leq 1\}$$

は狭義凸, すなわち B の内部 $B^\circ = \{x \in \mathbb{R}^n \mid |x|_2 < 1\}$ に対し

$$x, y \in B, \, 0 < \lambda < 1 \implies \lambda x + (1 - \lambda)y \in B^\circ$$

であるので, x_α や $x^\dagger$ が一意に定まることになる.

このノルムを ℓ^∞ にした場合

$$|x|_\infty = \max_i |x_i|, \quad x = (x_1, \ldots, x_n)^T$$

は単位球は狭義凸とならず, 最適解は必ずしも一意ではないが存在はする. 上記ノルムを**最大ノルム**といい, このノルムを使った場合には成分が密な解が選択される. ノルムを ℓ^1 にしたノルム

$$|x|_1 = \sum_{i=1}^n |x_i|$$

は**マンハッタンノルム**ともいい, 逆にゼロ成分が多い, スパースな解を求めることができる.

スパースモデリングは, 不足決定系 $m > n$ の場合に, マンハッタンノルムを用いて (14.1) のスパースな解を選び出す方法である. ペナルティ項を導入して正則化した関数

$$E_\alpha(x) = |Ax - b|_2^2 + \alpha|x|_1 \tag{14.13}$$

を最小化する手法が**ラッソ**である（図 14.1）.

ノルムの概念についてはコラム 14 で解説する.

● **ラッソの解法アルゴリズム** ●　ラッソでは二つの異なるノルム（ユークリッドとマンハッタン）が関係するので, 擬似逆元のように, 行列の特異値分解を用いた陽的な解法スキーム与えることができない. 交互方向乗数法, 分離ブレ

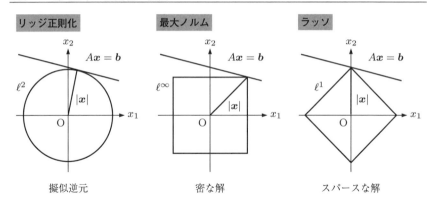

図 14.1 ノルムと制約条件

グマン反復法, 分離カスマルツ反復法は, 二つのノルムを分離して相互に反復を行う方法である. 異質の要素を分離して相互に反復を行うことは, データサイエンスの解析ツールでよく用いる方法である.

● **スパースコーディング** ● $n \gg m$ に対する (14.1) に対して, 行列の特異値分解を用い, $\ell \gg n$ に対してスパースな $c_j \in \mathbb{R}$ と $\boldsymbol{d}_j \in \mathbb{R}^n, 1 \le j \le \ell$ を交互に定めて

$$\boldsymbol{x} = \sum_{j=1}^{\ell} c_j \boldsymbol{d}_j$$

と表示する方法が, [7] で解説した**スパースコーディング**である. $\boldsymbol{c} = (c_1, \ldots, c_\ell)^T$ を**係数ベクトル**, $D = (\boldsymbol{d}_1, \ldots, \boldsymbol{d}_\ell)$ を**辞書行列**という.

章末問題

ラッソによってスパースな解が選び出されることを $n = 2$ について説明せよ.

ねらい (14.13) を最小化する $\boldsymbol{x}_\alpha$ を間接法で定め, $\alpha \downarrow 0$ においてどのような挙動をするかを分析する.

● コラム 14　　ノルム

X を実数を係数とする**線形空間**，すなわち**線形演算**（和とスカラー倍）が定められた集合とする．このとき写像

$$\| \cdot \| : X \to [0, \infty)$$

が**ノルム**であるとは，性質

$$x \in X, \ \|x\| = 0 \iff x = 0$$

$$\|x + y\| \le \|x\| + \|y\|, \ x, y \in X$$

$$\|\alpha x\| = |\alpha| \|x\|, \ x \in X, \ \alpha \in \mathbb{R}$$

を満たすことをいい，ノルムを備えた線形空間を**ノルム空間**という．ノルム空間 X は

$$\mathrm{dist}(x, y) = \|x - y\|, \ x, y \in X$$

によって距離空間になる．すなわち

$$x, y \in X, \ \mathrm{dist}(x, y) = 0 \iff x = y$$

$$\mathrm{dist}(x, z) \le \mathrm{dist}(x, y) + \mathrm{dist}(y, z), \ \forall x, y, z \in X$$

が成り立つ．ここで 2 番目の性質を**三角不等式**という．ノルム空間 X はこの距離に関して完備であるとき，すなわち任意のコーシー列 $x_n \in X, \ n = 1, 2, \dots,$

$$\lim_{n, m \to \infty} \|x_n - x_m\| = 0$$

が収束するとき，**バナッハ空間**という．

線形空間 X の二つのノルム $\| \cdot \|, | \cdot |$ は定数 $C \ge 1$ が存在して

$$C^{-1} |x| \le \|x\| \le C|x|, \ \forall x \in X$$

が成り立つとき**同値**であるという．有限次元線形空間は適切なノルムによってバナッハ空間となり，どの二つのノルムも同値になる．$X = \mathbb{R}^n$ に対してユークリッドノルム (ℓ^2)，最大ノルム (ℓ^∞)，マンハッタンノルム (ℓ^1) はそのノルムであり，それによって X はバナッハ空間となる．

一般に $1 \le p < \infty$ に対して

$$|\boldsymbol{x}|_p = (|x_1|^p + |x_2|^p + \cdots + |x_n|^p)^{1/p}, \quad \boldsymbol{x} = (x_1, x_2, \dots, x_n)^T \in \mathbb{R}^n$$

も X のノルムであり ℓ^p ノルムという．$1 \le p \le \infty$ に対して成り立つ

$$|\boldsymbol{x} + \boldsymbol{y}|_p \le |\boldsymbol{x}|_p + |\boldsymbol{y}|_p, \ \boldsymbol{x}, \boldsymbol{y} \in \mathbb{R}^n$$

を**ミンコフスキーの不等式**，また $1 \le p \le \infty$ に対し

$$\frac{1}{p} + \frac{1}{p'} = 1$$

となる $p' \in [1, \infty]$ をその**双対指数**という．このとき**ヘルダーの不等式**

$$|\boldsymbol{x} \cdot \boldsymbol{y}|_1 \le |\boldsymbol{x}|_p \cdot |\boldsymbol{y}|_{p'}$$

が成り立ち，$p = p' = 2$ のときはシュワルツの不等式になる．また

$$\lim_{p \to \infty} |\boldsymbol{x}|_p = |\boldsymbol{x}|_\infty, \ \boldsymbol{x} \in \mathbb{R}^n$$

が成り立つ．

15 次元削減

統計的機械学習には，信号（データ）をグループ分けする分類・識別問題と，観測データから未来を予測する回帰問題がある．次元削減はどちらにも適用できる方法で，ビッグデータから特徴量を取り出して分析するのに使われる．本章では次元削減の典型的な方法である主成分分析と多次元尺度法について述べる．

15.1 ● 主成分分析 (PCA)

多変量データは次のように表すことができる：

$$\boldsymbol{x}_i \in \mathbb{R}^n, \quad 1 \leq i \leq N \tag{15.1}$$

N が大きい**ビッグデータ**であっても，依存する変数の数 n が小さく，例えば $n = 2$ であれば，1つ1つのデータは2次元ベクトルであり，平面上の**散布図**で可視化できる．

一般に，多数の変数に依存する多変量データの1つ1つは高次元ベクトルであるが，低次元の変数で特徴抽出できればそれらの特徴量を用いて，分類・識別・予測を通してデータのカテゴリー（属性）を取り出すことができるようになる．これが**次元削減**の方法であり，数学的には線形部分空間 $Y \subset \mathbb{R}^n$ をとり，$\boldsymbol{x}_i \in \mathbb{R}^n, 1 \leq i \leq N$ を Y に正射影することに相当する．この場合，データの分散が大きいほど失われる情報量が少ないと考え，射影したデータの分散が最大となるように Y を選択する方法が**主成分分析** (Principal Component Analysis, PCA) である．

例えば，x_1 と x_2 という二つの観測変数があり，変数の次元を1に減らしたいとき，分散を最大化するような線を引いてそれを新しい軸にすることである．分散が大きい軸の成分はデータの差異を的確にとらえ，分散の小さい軸の成分はノイズのように見える．従ってこの方法が有効なデータに対しては，二つの変数 x_1, x_2 を使わずにこの軸だけで説明することが可能になる．

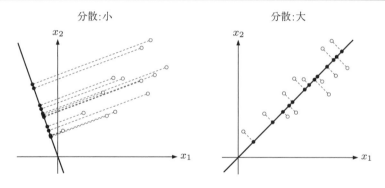

図 15.1　第 1 主成分

　主成分分析では，分散を最大化する方向を**第 1 主成分**，第 1 主成分と直交する方向のうちで分散を最も最大にする方向を**第 2 主成分**とし，以下同様にして各主成分を定める．例えば第 2 主成分，第 3 主成分までであれば，これらを 2 次元，3 次元の座標軸にとり，データの分布を平面，空間上の散布図で表示することができる．

　以上から主成分分析のスキームは，制約付き最適化問題を解くことで構築することができるが，実際はデータの散らばり具合全体を数値化する共分散行列が実対称行列であることから，主成分分析は共分散行列の固有空間への正射影として実現することができる．

　ここで，元データ (15.1) の平均は，ベクトル値

$$\overline{\boldsymbol{x}} = \frac{1}{N} \sum_{i=1}^{N} \boldsymbol{x}_i \in \mathbb{R}^n$$

であり，**共分散行列**は

$$S = \frac{1}{N} \sum_{i=1}^{N} (\boldsymbol{x}_i - \overline{\boldsymbol{x}})(\boldsymbol{x}_i - \overline{\boldsymbol{x}})^T \in M_{n,n}(\mathbb{R})$$

で与えられる．この S は n 次半正定値実対称行列で，その固有値は重複も入れて

$$\lambda_1 \geq \lambda_2 \geq \cdots \geq \lambda_n \geq 0 \tag{15.2}$$

とすることができる．

さて，$w \in \mathbb{R}^n$, $|w| = 1$ をとり，

$$y_i = w^T x_i, \quad 1 \le i \le N$$

が元データの第 1 主成分となるようにすることを考えると，$y_i, 1 \le i \le N$ の平均は

$$\overline{y} = \frac{1}{N} \sum_{i=1}^{N} y_i = w^T \overline{x}$$

分散は

$$\sigma^2 = \frac{1}{N} \sum_{i=1}^{N} (y_i - \overline{y})^2 = \frac{1}{N} \sum_{i=1}^{N} (w^T x_i - w^T \overline{x})(x_i^T w - \overline{x}^T w)$$

$$= w^T \left[\frac{1}{N} \sum_{i=1}^{N} (x_i - \overline{x})(x_i - \overline{x})^T \right] w = w^T S w \qquad (15.3)$$

となる．従って

$$w \in \mathbb{R}^n, \ |w|^2 = w^T w = 1$$

は，上述した共分散行列 S を用いて，$w^T S w$ を最大化するように選ぶことになる．

式 (15.3) は $w \in \mathbb{R}^n$ の 2 次形式であり，5.3 節により，このような w は S の第 1 固有値 λ_1 に対応する正規化された固有ベクトル，従って次の条件を満たす $w = w_1$:

$$S w_1 = \lambda_1 w_1, \ |w_1| = 1$$

となる．すなわち，第 1 主成分は共分散行列 S の第 1 固有値 λ_1 に対応する正規化された固有ベクトル w_1 と，$x_i \in \mathbb{R}^n, 1 \le i \le N$ との内積で作ればよい：

$$w_1^T x_i, \ 1 \le i \le N$$

第 2 主成分は w_1 と直交する単位ベクトル w の中で，2 次形式 $\sigma^2 = w^T S w$ を最大とする w との内積で定める．5.3 節で述べたように，実対称行列の相異なる固有値に付随する固有ベクトルは互いに直交するので，この w は S の第 2 固有値と対応する正規化された固有ベクトルとなる：

$$S w_2 = \lambda_2 w_2, \ |w_2| = 1$$

このように定めた w_2 に対して，第 2 主成分は $w_2^T x_i, 1 \le i \le N$ で与えられる．

　第 3 主成分以下も同様であり，主成分分析は固有値の大きさの順番に従って，共分散行列を対角化する操作に他ならない．

●**アノテーション**●　主成分分析を 18.1 節で述べるクラスタリングと併用してビッグデータを分類し，その特徴を抽出することが多い．いくつかの集団にクラス分けした後で，各集団がどのような特徴をもつものであるかを判定するのが**アノテーション**である．各集団の特徴は主成分分析だけではわからないので，アノテーションでは元データに戻り，別の方法で各集団の特徴を探索することになる．**経路分析**はさらに進んで，個々の対象が集団間をどのように移動していくかを推測する技術で，細胞分化と遺伝子発現の関係や顧客の層別化など，学術研究やビジネスで活用されている．

15.2 ● 多次元尺度法 (MDS)

　多次元尺度法 (Multi Dimensional Scaling, MDS) では (15.1) においてすべてのデータ間のユークリッド距離の 2 乗を要素とする距離行列

$$D^2 = (|\boldsymbol{x}_i - \boldsymbol{x}_j|^2)_{1 \le i,j \le N}$$

を次元削減する．そのために前処理として 10.3 節で述べたハウスホルダー変換を用いて中心化し，得られた三重対角行列を固有値分解する．

　D^2 の算出では，ユークリッド距離ではなく，例えば，地図上にある道に従って道順を考慮した距離を定めてもよい．表 15.1 は国土地理院が提供する都道府県庁間の道路距離である[1]．

表 15.1　都道府県庁間の距離

	北海道	青森	岩手	⋯	宮崎	鹿児島	沖縄
北海道	0	253.8	373.6	⋯	1514.9	1592.3	2243.8
青森	253.8	0	129.3	⋯	1293.5	1374.7	2019.4
岩手	373.6	129.3	0	⋯	1231.7	1316.2	1951.0
⋮				⋮			
宮崎	1514.9	1293.5	1231.7	⋯	0	90.8	729.1
鹿児島	1592.3	1374.7	1316.2	⋯	90.8	0	655.7
沖縄	2243.8	2019.4	1951.0	⋯	729.1	655.7	0

---

[1] https://www.gsi.go.jp/KOKUJYOHO/kenchokan.html

　図 15.2 は，このデータから距離行列を作成して MDS で 2 次元平面上での都道府県の配置を決定したもので，日本地図に近い形になっている．

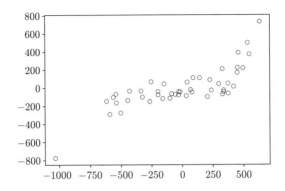

図 15.2　MDS による都道府県の配置

章末問題

　平面上 $\boldsymbol{w} = (w_1, w_2)^T$ 方向に垂直な直線を $\ell : ax_1 + bx_2 = c = 0$ とすると，$\boldsymbol{x} = (x_1, x_2)$ と ℓ との距離は

$$d = \frac{|w_1 x_1 + w_2 x_2 + c|}{\sqrt{w_1{}^2 + w_2{}^2}}$$

になる．(15.1) において $n = 2$ とし，データを平均 0，分散 1 となるように標準化しておく．このとき各 $\boldsymbol{x}_i = (x_{1i}, x_{2i})$，$1 \le i \le N$ との距離の 2 乗和を最短にする直線と垂直な方向は，第 1 主成分方向であることを示せ．

ねらい　ラグランジュ関数

$$L(\boldsymbol{w}, \mu) = \sum_{i=1}^{2} (w_1 x_{1i} + w_2 x_{2i} + c)^2 - \mu(w_1{}^2 + w_2{}^2 - 1)$$

を導入し，標準化によって $\boldsymbol{x}_i$，$1 \le i \le N$ の平均をゼロとすると計算が簡略になる．

● コラム 15　　非計量多次元尺度法

　MDS において，順序尺度のように距離の性質を満たさない場合には，データ行列 X の全ての変数間の類似度 s_{ij} あるいは非類似度 d_{ij} によって B を定める．類似度の値は 0 から 1 の範囲で正規化し，$d_{ij} = 1 - s_{ij}$ とする．似ているものは値が小さく，似ていないものは値が大きい．

　下の表 15.2 はエクマン[2]による，31 名の被験者が 14 の色（波長）の組み合わせについて 5 件法（0：全く似ていない，5：同じ）で類似性を判断したデータで，全参加者の平均を 4 で割って正規化している．

　図 15.3 は，各数値を 1 から減じた値を距離（非類似性）として，MDS で 2 次元平面上での色（波長）の配置を決定したものである．右が非計量多次元尺度法による分析で，左の計量多次元尺度法よりも円に近い状態で表示されている．円周上の色の近さも心理学で使われる表示（心理量）に近い．

表 15.2　色の類似度行列

波長 (nm)	434	445	465	$\cdots$	628	651	674
434	1	0.86	0.42	$\cdots$	0.12	0.13	0.16
445	0.86	1	0.50	$\cdots$	0.11	0.13	0.14
465	0.42	0.50	1	$\cdots$	0.01	0.05	0.03
$\vdots$				$\vdots$			
628	0.12	0.11	0.01	$\cdots$	1	0.85	0.68
651	0.13	0.13	0.05	$\cdots$	0.85	1	0.76
674	0.16	0.14	0.03	$\cdots$	0.68	0.76	1

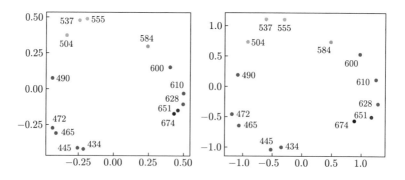

図 15.3　計量 MDS による分析（左）と非計量 MDS による分析（右）

[2] Ekman, G. (1954). Dimensions of color vision, J. Psychology, 38, 467–474

16 統計的推測

統計学の目的の一つに，現実世界（観測データ，標本）から背後構造（モデル，母集団）を推測することがあり，このことを推測統計という．特に標本から母集団の平均，分散，相関などの統計量を推定するのが統計的推定である．最尤推定は与えられたデータが従う確率モデルの密度関数を用いて尤度を求め，尤度を最大化するパラメータを選択する．本章では最初に標本の概念を述べ，統計的推測のいくつかの基準を示した後，最尤推定の方法と例を解説する．

16.1 ● 記述統計と推測統計

1 変量データは，コラム 11 で述べた確率空間 $(\Omega, \mathcal{F}, P)$ 上の確率変数

$$X : \Omega \to \mathbb{R} \tag{16.1}$$

の値全体と見なすことができる．これらの値

$$Z = \{X(\omega) \mid \omega \in \Omega\} \tag{16.2}$$

がすべて観測されているとき，X は既知の写像であり，特にその分布が定まる．これが 11.1 節で述べた 1 変量データ記述統計の概要である．

実際には，Ω が大きな集合であるなどの理由により，Z の元をすべて観測することができないことが多い．このとき，上記 Z を**母集団**，また観測によって，Z から無作為に n 個を取り出した値を**標本**，n をその標本の**長さ**という．上記記述統計に対し，標本から平均や分散などの母集団の統計量を推定するのが本章で述べる**推測統計**である．

母集団である (16.2) の Z は全体としては未知であり，推測統計では各標本を $(\Omega, \mathcal{F}, P)$ 上の確率変数

$$X_i : \Omega \to \mathbb{R}, \quad 1 \le i \le n \tag{16.3}$$

と見なす．

このとき，実際の観測値 x_i, $1 \leq i \leq n$ を**標本値**と呼び，標本値は標本である確率変数の分布関数に従って分布しているものと考える．また (16.3) の X_i, $1 \leq i \leq n$ を標本と呼ぶのに対応して，以後 (16.1) の X を改めて母集団と呼ぶことにする．

16.2 ● 統計量

平均 $\mu = E[X]$，分散 $\sigma^2 = V[X]$ のように，母集団 X から定まる量 θ を**母数**といい，母数を推測するために標本 X_i, $1 \leq i \leq n$ から定められる量 $\widehat{\theta} = \widehat{\theta}(X_1, \ldots, X_n)$ を**統計量**という．**点推定**は統計量によって母数を推定する方法である．

一般に統計量 $\widehat{\theta}$ は

$$E\left[\widehat{\theta}(X_1, \ldots, X_n)\right] = \theta \tag{16.4}$$

であるとき**不偏性**をもつといい，このときの

$$\widehat{\theta}(X_1, \ldots, X_n)$$

を**不偏推定量**，各確率変数に標本値を代入した

$$\widehat{\theta}(x_1, \ldots, x_n)$$

を**不偏推定値**という．**標本平均**

$$\overline{X} = \frac{1}{n} \sum_{i=1}^{n} X_i$$

は母平均（母集団の平均）の不偏推定量である．

● **不偏分散** ●　標本 X_i, $1 \leq i \leq n$ に対し

$$S^2 = \frac{1}{n-1} \sum_{i=1}^{n} (X_i - \overline{X})^2 \tag{16.5}$$

をその**不偏分散**という．

不偏分散は，母分散（母集団の分散）と異なり，各標本と標本平均の差の 2 乗を (標本数) -1 で割る．このように定めることで，母分散の不偏推定量となる．すなわち次の定理が成り立つ．

定理 16.1 母集団 X の分散が σ^2 であるとき, (16.5) で定める標本 X_i, $1 \leq i \leq n$ の不偏分散 S^2 は

$$E[S^2] = \sigma^2 \tag{16.6}$$

を満たす.

証明 母集団の平均を

$$E[X] = \mu$$

とし

$$Y_i = X_i - \mu, \ 1 \leq i \leq n, \quad \overline{Y} = \frac{1}{n} \sum_{i=1}^{n} Y_i$$

とすると

$$S^2 = \frac{1}{n-1} \sum_{i=1}^{n} Y_i^2 - \frac{n}{n-1} \overline{Y}^2$$

が得られる.

X_i, $1 \leq i \leq n$ は独立同分布であるから

$$E[Y_i^2] = V[X_i] = \sigma^2, \ 1 \leq i \leq n,$$

$$E[\overline{Y}^2] = \frac{1}{n^2} \sum_{i=1}^{n} V[Y_i] = \frac{1}{n^2} \sum_{i=1}^{n} V[X_i] = \frac{\sigma^2}{n}$$

であり

$$E[S^2] = \frac{1}{n-1} \sum_{i=1}^{n} E[Y_i^2] - \frac{n}{n-1} E[\overline{Y}^2]$$

$$= \frac{n}{n-1} \sigma^2 - \frac{n}{n-1} \frac{\sigma^2}{n} = \sigma^2$$

となって, (16.6) が得られる.

統計量 $\widehat{\theta}(X_1, \ldots, X_n)$ の評価基準としては, 不偏性 (16.4) の他に**一致性**:

$$\lim_{n \to \infty} \widehat{\theta}(X_1, \ldots, X_n) = \theta$$

や**有効性**:

任意の $\widetilde{\theta} = \widetilde{\theta}(X_1, \ldots, X_n)$, $E[\widetilde{\theta}] = E[\theta]$ に対し $V[\widehat{\theta}] \leq V[\widetilde{\theta}]$

がある. 不偏分散は次章で述べる区間推定や, コラム 17 で説明する区間検定で重要な役割を果たす.

16.3 ● 最尤推定

最尤性は不偏性や一致性とは異なる点推定の尺度である. 一般に統計量 $\widehat{\theta}(X_1, \ldots, X_n)$ を定めれば, $X_1, \ldots, X_n$ に標本値 $x_1, \ldots, x_n$ を代入することで, 母数 θ の推定値

$$\theta = \widehat{\theta}(x_1, \ldots, x_n)$$

が得られるが, **最尤法**では, 逆に母数と標本値 $x_1, \ldots, x_n$ で定まる**尤度**

$$L(\theta) = L(\theta; x_1, \ldots, x_n)$$

を求め, $L(\theta)$ が最大になるように $\theta = \theta(x_1, \ldots, x_n)$ を与えて, 統計量

$$\widehat{\theta} = \theta(X_1, \ldots, X_n)$$

を定める.

ここで尤度 $L = L(\theta; x_1, \ldots, x_n)$ は, 母数 θ の下で長さ n の標本値が $x_1, \ldots, x_n$ となる確率を指す. 母集団の密度関数 $f(x, \theta)$ に対して

$$P(\{X \le a\}) = \int_{-\infty}^{a} f(x, \theta) \, \mathrm{d}x$$

が成り立つので, 尤度は

$$L = f(x_1, \theta) \cdots f(x_n, \theta)$$

で与えられる. 最尤推定は母集団の密度関数を用いて L を計算し, この L を最大化するように $\theta = \theta(x_1, \ldots, x_n)$ を定めて, $x_i = X_i, 1 \le i \le n$ とするものである.

例 16.1　　配偶子の組み換え

細胞の減数分裂では, 娘細胞の染色体数が半分になる. この過程で遺伝子の組み換えが起こる確率を θ とすると, 密度関数は

$$f(x, \theta) = \begin{cases} \theta, & x \text{ 遺伝子：組み換えあり} \\ 1 - \theta, & x \text{ 遺伝子：組み換えなし} \end{cases}$$

である．1回の減数分裂で，n 個の遺伝子中，m 個で組み替えが起き，$m-n$ 個で起きなかったとすると尤度関数は

$$L(\theta) = \theta^m (1-\theta)^{n-m}$$

となる．尤度関数の対数を取った**対数尤度**は

$$\log L(\theta) = m \log \theta + (n-m) \log(1-\theta)$$

で与えられ，

$$\frac{\mathrm{d}}{\mathrm{d}\theta} \log L(\theta) = 0$$

より θ の最尤推定

$$\widehat{\theta} = \frac{m}{n}$$

が得られる．

例題 16.1　母集団が生起確率 $0 < p < 1$，試行回数 m の 2 項分布 $B(m, p)$ に従うとき，密度関数は

$$f(x, p) = {}_m\mathrm{C}_x \, p^x (1-p)^{m-x}$$

である．生起確率の最尤推定量は

$$\widehat{p} = \frac{1}{mn} \sum_{i=1}^{n} X_i \tag{16.7}$$

となることを示せ．

解　分布関数から対数尤度を求めると

$$\log L(p) = \sum_{i=1}^{n} \{ \log {}_m\mathrm{C}_{x_i} + x_i \log p + (m - x_i) \log(1-p) \}$$

となる．条件

$$\frac{\mathrm{d}}{\mathrm{d}p} \log L(p) = \sum_{i=1}^{n} \left(\frac{x_i}{p} - \frac{m - r_i}{1-p} \right) = 0$$

より

$$(1-p)\sum_{i=1}^{n} = p\left(nm - \sum_{i=1}^{n} x_i\right) = \sum_{i=1}^{n} x_i - pnm = 0$$

となり，(16.7) が得られる．

例題 16.2 母集団が平均 μ，分散 σ^2 の正規分布 $N(\mu, \sigma^2)$ に従うときは密度関数は

$$f(x, \mu, \sigma^2) = \frac{1}{\sqrt{2\pi\sigma^2}} e^{-(x-\mu)^2/2\sigma^2}$$

である．このとき標本 $X_1, \ldots, X_n$ の平均，分散の最尤推定量はそれぞれ

$$\widehat{\mu} = \frac{1}{n}\sum_{i=1}^{n} X_i, \quad \widehat{\sigma}^2 = \frac{1}{n}\sum_{i=1}^{n}(X_i - \widehat{\mu})^2 \tag{16.8}$$

となることを示せ．

解 対数尤度は

$$\log L(\mu, \sigma^2) = \sum_{i=1}^{n}\left\{-\frac{1}{2}\log 2\pi - \frac{1}{2}\log \sigma^2 - \frac{(x_i - \mu)^2}{2\sigma^2}\right\}$$

$$= -\frac{n}{2}\log 2\pi - \frac{n}{2}\log \sigma^2 - \frac{1}{2\sigma^2}\sum_{i=1}^{n}(x_i - \mu)^2$$

である．連立方程式

$$\frac{\partial}{\partial \mu}\log L(\mu, \sigma^2) = \frac{1}{\sigma^2}\sum_{i=1}^{n}(x_i - \mu) = 0$$

$$\frac{\partial}{\partial \sigma^2}\log L(\mu, \sigma^2) = -\frac{n}{2\sigma^2} + \frac{1}{2(\sigma^2)^2}\sum_{i=1}^{n}(x_i - \mu)^2 = 0$$

より (16.8) が得られる．

章末問題

　喫煙の心臓活動への影響を調査する．10 人を無作為に選び，喫煙の前後における 1 分間の脈拍の差 (喫煙前の脈拍 − 喫煙後の脈拍) として以下のデータを得た．これらのデータは，平均 μ，分散 σ^2 の独立な正規分布に従うとして，μ, σ^2 の最尤推定量 $\widehat{\mu}, \widehat{\sigma}^2$ を求めよ．

A	B	C	D	E	F	G	H	I	J
-1	0	-2	3	-3	-1	-2	-4	1	-1

ねらい　例題 16.2 を参考にして，確率密度関数から最尤推定量の導出を行う．推定の対象 (パラメータ) が複数存在する場合の最尤推定量の導出方法を考えることをねらいとしている．

●コラム 16　変分ベイズ法

　ベイズの定理は抽象的に

$$P(\theta \,|\, X) = \frac{P(X \,|\, \theta) P(\theta)}{\int P(X \,|\, \theta) P(\theta)\, \mathrm{d}\theta}$$

と表すことができる．右辺の分子は確信度であるが，分母

$$f(X) = \int P(X \,|\, \theta) P(\theta)\, \mathrm{d}\theta$$

は $P(\theta)\, \mathrm{d}\theta = \mathrm{d}P(\theta)$ が離散的であれば尤度であり，連続的に分布している場合には**周辺尤度**という．事前分布 $P(\theta)$ がわからないときにはこの周辺尤度を最大化して求めることを考える．

　変分ベイズ法は $q(\theta)$ を任意の確率分布としたとき，イェンセンの不等式から任意の確率測度 $q(\theta)\, \mathrm{d}\theta$ に対して

$$\log f(X) > L(q) \equiv \int q(\theta) \log \frac{P(X, \theta)}{q(\theta)}\, \mathrm{d}\theta$$

が成り立ち，右辺 $L(q)$ を最大化する $q(\theta)\, \mathrm{d}\theta$ が $P(\theta)$ であることに基づいて $P(\theta)$ を推定するもので，最尤推定の方法と一致する．詳細は [7] で述べられている．

17 区間推定

統計的推測は点推定と区間推定に分けることができる．前章で述べた最尤推定は
点推定の方法であるが，区間推定では求める母数 θ が存在しうる範囲（信頼区間）と
その範囲に入る確率（信頼度）を組みにして与える．信頼度（％）を小数にしたもの
が信頼係数である．基礎となるのは中心極限定理である．

17.1 ● 中心極限定理

$(\Omega, \mathcal{F}, P)$ を確率空間，$X : \Omega \to \mathbb{R}$ をその母集団とする．前章で述べた無作
為抽出の定義により，標本 (16.3)，

$$X_i : \Omega \to \mathbb{R}, \quad 1 \leq i \leq n$$

は**独立・同分布**である．すなわち，これらの確率変数の分布関数

$$F_i(a) \equiv E[\{X_i \leq a\}] = \int_{\{X_i \leq a\}} P(\mathrm{d}\omega), \quad a \in \mathbb{R}$$

は i によらず X の分布関数と一致し，同時に任意のボレル集合 $A_i \subset \mathbb{R}$,
$1 \leq i \leq n$ に対して

$$E\left[\bigcap_{i=1}^{n}\{X_i \in A_i\}\right] = \prod_{i=1}^{n} E[\{X_i \in A_i\}]$$

が成り立つ．

このことから，(16.3) に対して次の**中心極限定理**を適用することができる．
ただし $N(0,1)$ は平均ゼロ，分散 1 の正規分布であり，収束は測度収束（**確率
収束**）の意味である．すなわち，$X : \Omega \to \mathbb{R}$ を $N(0,1)$ に従う確率変数とする
と，次の定理の式 (17.1) で定める Y_n は，任意の $\varepsilon > 0$ に対して

$$\lim_{n \to \infty} E[|X - Y_n| > \varepsilon] = 0$$

を満たす．

定理 17.1 $(\Omega, \mathcal{F}, P)$ を確率空間, $X_i : \Omega \to \mathbb{R}$, $i = 1, 2, \ldots$ を, 平均 μ, 分散 σ^2 の独立同分布に従う確率変数の列とすると,

$$Y_n = \frac{\sqrt{n}}{\sigma}(\overline{X}_n - \mu), \quad \overline{X}_n = \frac{1}{n}\sum_{i=1}^{n} X_i \tag{17.1}$$

は $n \to \infty$ において $N(0, 1)$ に確率収束する.

定理 17.1 より次の定理が得られる. ただし

$$\overline{X}_n = \frac{1}{n}\sum_{i=1}^{n} X_i \tag{17.2}$$

は前節で定めた標本平均である.

定理 17.2 平均 μ, 分散 σ^2 の母集団 X に対して, 標本数 n が十分大きい無作為抽出を繰り返して得られる標本平均 $\overline{X}_n$ の分布は, 正規分布 $N(\mu, \sigma^2/n)$ で近似される.

定理 17.2 により, n が十分大きいとき, 標本値 x_i, $1 \le i \le n$ に対して,

$$y_n = \frac{\sqrt{n}}{\sigma}(\overline{x}_n - \mu), \quad \overline{x}_n = \frac{1}{n}\sum_{i=1}^{n} x_i$$

で定める y_n は $N(0, 1)$ に近い分布をとる. 17.2 節で述べる区間推定や区間検定はこの事実を基盤として, 母集団の平均や分散を定量的に推定や検定するものである. 実用的には, $n = 30$ くらいで y_n が $N(0, 1)$ に従って分布しているとすることも多い.

定理 17.2 において

$$E[\overline{X}_n] = \mu, \quad V[\overline{X}_n] = E[(\overline{X}_n - \mu)^2] = \frac{\sigma^2}{n} \tag{17.3}$$

が成り立つ. 実際, 第 1 式は明らかであり, 第 2 式は独立な確率変数 X, Y が

$$V[X + Y] = V[X] + V[Y]$$

を満たすことから得られる.

17.2 ● z 推定

Z 推定は母集団の分散が既知の場合に，標本平均から母平均を区間推定する方法である．通常は母分散が未知のことが多いので実用的ではないが，中心極限定理を用いた区間推定と区間検定の基本原理を理解するのに有用である．

実際，母集団 X が平均 μ，分散 σ^2 の正規分布 $N(\mu, \sigma^2)$ に従うとき，標本数 n の標本の標本平均 $\overline{X} = \overline{X}_n$ は $N(\mu, \sigma^2/n)$ に，$\overline{X}$ を標準化した

$$Z = \frac{\overline{X} - \mu}{\sqrt{\sigma^2/n}}$$

は標準正規分布 $N(0,1)$ に従う．$N(0,1)$ の密度関数

$$\phi(z) = \frac{1}{\sqrt{2\pi}} e^{-z^2/2}$$

を用いて，$0 < \alpha < 1$ に対する Z 値 $z_{\alpha/2} > 0$ を

$$\int_{-z_{\alpha/2}}^{z_{\alpha/2}} \phi(z)\,\mathrm{d}z = 1 - \alpha$$

で定めると，Z が

$$-z_{\alpha/2} \leq Z \leq z_{\alpha/2} \tag{17.4}$$

の範囲に存在する確率は $1 - \alpha$ となる．

(17.4) を $\overline{X}$ で書くと

$$-z_{\alpha/2} \frac{\sigma}{\sqrt{n}} \leq \overline{X} - \mu \leq z_{\alpha/2} \frac{\sigma}{\sqrt{n}}$$

である．そこで $\overline{X}$ を標本値 x_i, $1 \leq i \leq n$ の平均

$$\overline{x} = \frac{1}{n} \sum_{i=1}^{n} x_i$$

に置き換えると

$$-z_{\alpha/2} \frac{\sigma}{\sqrt{n}} \leq \overline{x} - \mu \leq z_{\alpha/2} \frac{\sigma}{\sqrt{n}}$$

が得られ，これより

$$\overline{x} - z_{\alpha/2} \frac{\sigma}{\sqrt{n}} \leq \mu \leq \overline{x} + z_{\alpha/2} \frac{\sigma}{\sqrt{n}} \tag{17.5}$$

となる．

(17.5) は母集団が正規分布に従うとき, その分散 σ^2 が既知である場合の母平均 μ が, 標本数 n の標本値の平均 $\overline{x}$ によって, **信頼区間**

$$\left[\overline{x} - z_{\alpha/2}\frac{\sigma}{\sqrt{n}}, \overline{x} + z_{\alpha/2}\frac{\sigma}{\sqrt{n}}\right]$$

と**信頼係数** $1 - \alpha$ で区間推定されることを表している.

z 推定は, 定理 17.2 に基づいて, 母集団が一般の分布に従うときも, n を十分大きくして上記と同様の推定を行うものである.

17.3 ● *t* 推定

母集団の分散が未知であるとき, その平均を推定するときは **t 推定**を用いる. 母分散は未知の場合が多いので, 母平均の区間推定を行うときは t 推定を行うことが多い.

t 推定では, 母集団が正規分布 $N(\mu, \sigma^2)$ に従う場合に, 標本平均 $\overline{X}$ と 16.1 節で述べた不偏分散 S で定まる

$$T_{n-1} = \frac{\overline{X} - \mu}{S/\sqrt{n}}$$

が自由度 $n - 1$ の **t 分布**に従うことを用いる. この分布は密度関数が

$$f_{n-1}(t) = C_{n-1}\left(1 + \frac{t^2}{n-1}\right)^{-\frac{n}{2}}$$

となるもので, 定数 $C_{n-1} > 0$ は

$$\int_{-\infty}^{\infty} f_{n-1}(t)\,\mathrm{d}t = 1$$

となるように定める.

正規分布から Z 値を定めたように, 一般の母集団についてもこの分布から **t 値** $t_{\alpha/2}(n-1)$ を定める. 標本数 n が十分大きいとき, 母平均 μ は標本平均 $\overline{x}$ と不偏分散 S^2 によって信頼区間

$$\left[\overline{x} - t_{\alpha/2}(n-1)\cdot\frac{S}{\sqrt{n}}, \overline{x} + t_{\alpha/2}(n-1)\cdot\frac{S}{\sqrt{n}}\right]$$

と信頼係数 $1 - \alpha$ で区間推定される. t 推定により, 母分散 σ^2 が未知のときも, 不偏分散 S^2 を用いることによって母平均値を区間推定することができる.

17.4 ● χ^2 推定

　母集団の平均も分散も未知の場合，その分散を推定するのが χ^2 **推定**である．χ^2 推定の基盤となっているのは，母集団が $N(\mu, \sigma^2)$ に従うとき

$$\chi^2 = \frac{1}{\sigma^2} \sum_{i=1}^{n} (X_i - \overline{X})^2 \tag{17.6}$$

が自由度 $n-1$ の χ^2 **分布**に従うということである．この分布は密度関数

$$f_{n-1}(x) = \begin{cases} C_{n-1} x^{\frac{n-1}{2}-1} e^{-\frac{x}{2}} & x \geq 0 \\ 0 & x < 0 \end{cases}$$

から導出されるもので，定数 $C_{n-1} > 0$ は同じく

$$\int_{-\infty}^{\infty} f_{n-1}(x)\,\mathrm{d}x = 1$$

によって定める．

　(17.6) 右辺分子は不偏分散 S^2 に対し，$(n-1)S^2$ と等しい．よって同じく χ^2 値を定めれば，一般の分布に従う母集団の分散 σ^2 を，十分大きい n に対する不偏分散 s^2 と自由度 $n-1$ の χ^2 値 χ^2_{n-1} を用いて，信頼区間

$$\left[\frac{(n-1)S^2}{\chi^2_{n-1}(\alpha/2)}, \frac{(n-1)S^2}{\chi^2_{n-1}(1-\alpha/2)} \right]$$

と信頼係数 $1-\alpha$ で区間推定することができる．

章末問題

　A 店のある 5 日間の売り上げの平均が 18 万円であったとして，この店の任意の 5 日間の売り上げ平均を信頼区間 95% で区間推定する．最初に母分散が 9 であるとわかっている場合に z 値 1.96 を用いて区間推定せよ．次に母分散がわからない場合に，t 値 2.78 を用いて区間推定せよ．

ねらい　$\alpha = 0.05$ のときの z 値と t 値を用いて区間推定する．t 推定で不偏分散を用いるところがポイントである．

● コラム 17 区間検定

　検定は推定の逆のプロセスである．統計量について棄却したい仮定を**帰無仮説**とし，有意水準 $\alpha/2$ を定めて標本値が棄却域（信頼度 $1-\alpha$ の信頼区間の補集合）に入ることを確認して，**対立仮説**を選択する．

　例えば t 検定の場合，十分大きい標本数 n の標本平均，不偏分散がそれぞれ $\overline{x}$, S^2 であった場合，母平均が μ_0 であるという帰無仮説は

$$|\overline{x} - \mu_0| > t_{\alpha/2}(n-1) \cdot \frac{S}{\sqrt{n}}$$

であれば，有意水準 $\alpha/2$ で棄却することができる．

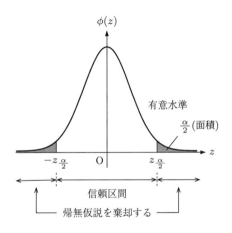

図 17.1 信頼区間と区間検定

18 類似度

データサイエンスにおける識別・分類問題では，画像や言語などの構造化されていないデータの取り扱いが急速に進んでいる．そこでは距離やノルムの代わりに類似度が用いられることが多い．本章ではクラスタリングとテキスト処理について類似度とその適用例を紹介する．

18.1 ● クラスタリング

クラスタリングは**教師なし学習**によって多変量データ

$$x_i \in \mathbb{R}^n, \quad 1 \leq i \leq N$$

をクラス分けするものである．**階層的クラスタリング**と**非階層的クラスタリング**があり，R を用いた実装については [7] で解説している．ここではこれらのクラスタリング手法の基本的な考え方を述べる．

●階層的クラスタリング● 階層クラスタリングでは，データ間の**類似度**を定め，最初に類似度が最も大きいデータの組を結合して1つのクラスターを作る．次に残ったデータもクラスターと考えて，クラスター間の類似度を定め，2番目のクラスタリングを行う．これを繰り返すと樹形図が順次作成され，最終的に全データが1つのクラスターになる．そこで樹形図を逆にたどり，個別データがクラスターに分けられている状況をみてクラスター数を決め，クラスター分けを行う．

二つのデータ $x, y \in \mathbb{R}^n$ 間の類似度 $\mathrm{sim}(x, y)$ としては，ユークリッド距離の逆数 $|x - y|^{-1}$ や，ベクトル x, y のなす角 θ を用いた**余弦類似度**

$$\cos \theta = \frac{x^T y}{|x| \cdot |y|}$$

などを用いる．

データ間の類似度からクラスター間の類似度を定める方法もいくつかある．

単連結法では二つのクラスター $G_i, G_j \subset \mathbb{R}^n$ 間の類似度を

$$\text{sim}(G_i, G_j) = \max_{\boldsymbol{x} \in G_i, \boldsymbol{y} \in G_j} \text{sim}(\boldsymbol{x}, \boldsymbol{y})$$

で定め，**完全連結法**では

$$\text{sim}(G_i, G_j) = \min_{\boldsymbol{x} \in G_i, \boldsymbol{y} \in G_j} \text{sim}(\boldsymbol{x}, \boldsymbol{y})$$

とする．全体のばらつきを考慮する場合には**重心法**

$$\text{sim}(G_i, G_j) = \text{sim}(\overline{G}_i, \overline{G}_j)$$

を適用する．ただし

$$\overline{G} = \frac{1}{|G|} \sum_{\boldsymbol{x} \in G} \boldsymbol{x} \in \mathbb{R}^n$$

はクラスター $G \subset \mathbb{R}^n$ の重心であり，$|G|$ は G の元の数を表す.

　ウォード法は，クラスター内の分散を小さく維持してクラスターを結合する方法である．膨大な計算コストは，次の公式を用いると軽減することができる．実際，最初にクラスター G_p, G_q を結合してクラスター G_t を作る場合，それぞれのクラスター内分散を S_p, S_q, S_t とすると，結合による分散の増加は全体として

$$\Delta S_{pq} = S_t - S_p - S_q$$

で表される．そこで S_{pq} が最小となる G_p, G_q の組み合わせを選んで結合する．

　次の階層に進むとき，G_t を別のクラスター G_r と結合したときの全体の分散の増加 ΔS_{tr} について成り立つ等式

$$\Delta S_{tr} = \frac{n_p + n_r}{n_t + n_r} \Delta S_{pr} + \frac{n_q + n_r}{n_t + n_r} \Delta S_{qr} - \frac{n_r}{n_t + n_r} \Delta S_{pq} \tag{18.1}$$

を活用する．ただし n_i, $i = p, q, r, t$ は G_i の元の数である．この式では ΔS_{tr} はすでに計算しているので，S_{pr}, S_{qr} を新たに計算する必要があるが，いずれも一つ前の階層であるので，クラスター内の元の数は少なく，計算コストを軽減することができる．(18.1) の証明は [6] に記載されている．

●非階層的クラスタリング●　上述したように階層的クラスタリングでは，小さなクラスターから順次大きなクラスターが作られ，最終的にすべてのデータが 1 つのクラスターにまとめられる．従ってこの方法ではクラスターが作られ

る経緯を見ることができる．一方，階層的でない非階層的クラスタリングでは，クラスタリングを進めるにつれてデータが属するクラスターが変動することも起こり得る．

k-means 法は非階層的クラスタリングの代表的な方法であり，先にクラスター数 k を決めておく．事前にデータ $\boldsymbol{x} \in \mathbb{R}^n$ とクラスター $G \subset \mathbb{R}^n$ の距離を，例えば G の重心 $\overline{G}$ とユークリッド距離 $|\cdot|$ を用いて

$$d(\boldsymbol{x}, G) = |\boldsymbol{x} - \overline{G}|$$

で定めておく．最初にデータを k 個のクラスターに分け，次にデータをランダムに選び，k 個のクラスターとの距離を求めて，最短距離のクラスターに所属するように更新する．この操作を，例えば決められた回数行って終了する．

選んだ k を凝縮度，乖離度で評価して最適の k を選択する．$\boldsymbol{x}_i \in \mathbb{R}^n$ をデータ，$\widehat{G} \subset \mathbb{R}^n$ を $\boldsymbol{x}_i$ が割り当てられたクラスターとすると，$\widehat{G}$ の**凝縮度**は

$$a_i = \frac{1}{|\widehat{G}| - 1} \sum_{\boldsymbol{x} \in \widehat{G} \setminus \{\boldsymbol{x}_i\}} |\boldsymbol{x} - \boldsymbol{x}_i|$$

で定める．$a_i > 0$ が小さいほど $\widehat{G}$ は凝縮している．次に $\widehat{G}$ と他のクラスターとの**乖離度** b_i を定めるため，$\boldsymbol{x}_i$ が所属せず，$\boldsymbol{x}_i$ に最も近いクラスター $\widetilde{G} \subset \mathbb{R}^n$ を

$$\widetilde{G} \neq \widehat{G}, \quad d(\boldsymbol{x}_i, \widetilde{G}) = \min_{G \neq \widehat{G}} d(\boldsymbol{x}_i, G)$$

によって求め，

$$b_i = \frac{1}{|\widetilde{G}|} \sum_{\boldsymbol{x} \in \widetilde{G}} |\boldsymbol{x} - \boldsymbol{x}_i|$$

とする．b_i が大きいほど，$\widehat{G}$ は他のクラスターから乖離している．

そこで $\boldsymbol{x}_i$ の**シルエット係数**を

$$s_i = \frac{b_i - a_i}{\max\{a_i, b_i\}} \in [-1, 1]$$

で定め，平均シルエット係数

$$\overline{s} = \frac{1}{N} \sum_{i=1}^{N} s_i \in [-1, 1]$$

を求める. $0 < a_i/b_i \ll 1$ であれば $\overline{s}$ は 1 に近く, $0 < b_i/a_i \ll 1$ であれば $\overline{s}$ は -1 に近い. 従って, 平均シルエット係数によって凝縮性や解離性が高い k を選択することができる.

18.2 ● テキスト処理

テキスト処理は, **教師あり学習**として実施される. 文書は文章から, 文章は単語から成る. 英文は単語に分解されるので, 文章を単語に分解するとその文章の単語の頻度を 1 つのベクトルで表すことができる. また, 連続した N 個の単語をひとまとまりと考えた N **グラム**の頻度もベクトルで表すことができ, 単語のつながりを検出することができる.

●**単語バイグラム**● $N = 2$ のときを**単語バイグラム**という. 一般に, 各事象の生起確率がその直前の事象のみによるという仮定を**マルコフモデル**という. 文章 (単語列) $W = w_0 w_1 w_2 \cdots w_\ell$ についてマルコフモデルを採用すると, W が生成される確率は, 単語 w_{i-1} が生起された条件の下で, 単語 w_i が生起する条件付き確率 $P(w_i | w_{i-1})$ を用いて

$$P(W) = \prod_{i=1}^{\ell} P(w_i | w_{i-1})$$

と表すことができる. ただし, この条件確率は $n(w)$ を単語 w が文書中に現れる回数として

$$P(w_i | w_{i-1}) = \frac{n(w_{i-1} w_i)}{n(w_{i-1})}$$

で与える.

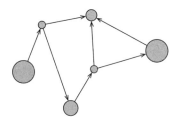

図 18.1 単語バイグラム

以上によって，文書は単語をノード（頂点），バイグラムをエッジ（辺），条件確率を各エッジに記載した教師データとして，重み付き**有向**グラフに変換される．

●品詞バイグラム●　単語 w の品詞を c とすると，単語列 $W = w_0 w_1 \cdots w_\ell$ に対応して，品詞列 $C = c_0 c_1 \cdots c_\ell$ が得られ，マルコフモデルによって品詞間の遷移も同じように有向グラフで表すことができる．単語列は観測データだが品詞列は観測できないので，このデータは**隠れマルコフ**であるという．

次に文書中の単語をすべて記載し，品詞を表す各ノードからその品詞を持つ単語への矢印とその遷移確率を書き入れると，品詞から単語が生成されるグラフを作ることができる．

●分布仮説●　テキスト処理では，以上の手続きで教師文書を構造化し，この構造に基づいて各単語をベクトル化したり単語間の類似度を定義する．すると，単語間でベクトル演算したり，類似関係の抽出を行うことができるようになる．この数値化は「単語の意味はその周辺の単語によって形成される」という**分布仮説**に基づく操作で，動作原理としては，カウントベースと推論ベースがある．

カウントベースでは，各単語について，その前後にある単語の出現頻度によって，その単語をベクトル化する．また関連判定では，単語 a, b の類似度（**相互情報量**）を

$$I(a, b) = \log_2 \frac{P(a, b)}{P(a)P(b)}$$

として，a, b の関連性を判定する．ここで $P(a)$, $P(b)$ は a, b の出現確率，$P(a, b)$ は a, b の共起確率である．この値が大きいほど a, b の関連性が高い．

推論ベースでは，ニューラルネットワークによって周辺の単語から注目する単語を類推したり，逆に注目する単語からその周辺単語を類推する．前者の場合，注目単語に対してその前後の単語に対応するベクトルを入力として，ニューラルネットを介して得られる出力ベクトルを単語に変換して，注目単語の出現確率を計算する．学習は，この確率が最大になるように行う．

以上の詳細アルゴリズムは [6] に記載されている．

章末問題

　データを予測する手法のうちで隠れマルコフと, [7] で述べたカルマンフィルタについて, それぞれの手順と違いを述べよ.

ねらい　データサイエンスや AI では, 同じ機能を実現することを目的として様々なアルゴリズムが提案されているが, 原理となっている数理モデルの仮定・構造・計算手順の違いにより, その性能や特徴は大きく異なる. 各モデルの利点・欠点を把握したうえで, 利用する数理モデルを取捨選択する必要があることを理解することをねらいとしている.

● コラム 18　シンプソン係数

　事象 A, B のシンプソン係数を

$$\frac{|A \cap B|}{\min\{|A|, |B|\}} \in [0, 1]$$

で定め, 言語のように数値化しにくい対象をクラスタリングするときに用いられる. シンプソン係数の逆数を用いて単語をクラスタリングした例が [5] にある.

第 III 部

数理モデル基礎

19 数値計算

データ分析は数理モデル構築に活用でき，数理モデルを用いたシミュレーションによってより精緻な未来予測と現実分析を進めることができる．本章は，精度保証や適合型計算など，シミュレーションに対する様々な要求や，それらに応える方策とその評価法について，例題を解きながら解説する．

19.1 ● 直線探索

　記述統計や推測統計の実例では，四則演算の他に平方根がよく用いられる．例えば「$\sqrt{2}$ を有効数字 1 万桁で求める」という問題にはどのように対処したらよいであろうか．

　1.1 節で述べたように，$\sqrt{2}$ は代数的数であり，

$$x^2 = 2$$

の正の解である．そこで

$$f(x) = x^2 - 2 \tag{19.1}$$

とおいて，関数 $y = f(x)$ の正のゼロ点を求めることにする．問題をこのように設定することを**モデリング**という．

　関数 $f(x)$, $x > 0$ の狭義単調性と中間値の定理から，

$$0 < x_* < x^*, \quad f(x_*) < 0 < f(x^*) \tag{19.2}$$

が求まれば

$$x_* < \sqrt{2} < x^* \tag{19.3}$$

が成り立つ．(19.3) は両側評価であり，x_*, x^* をシャープに求めることで，$\sqrt{2}$ の有効数字を判定することができる．この場合考慮しなければならないのは丸め誤差と計算効率である．このような課題解決の枠組みを**スキーム**という．

このスキームの下で，(19.2) を満たす x_*, x^* を求めるには，精度が改善するように反復列を構成する必要がある．これが**アルゴリズム**である．**直線探索**では，最初に $x_1 > 0$ を取り，$f(x_1) = 0$ であれば終了する．次にメッシュ $0 < \Delta x_1 \ll 1$ をとり，複合同順で

$$\pm f(x_1) > 0 \implies x_2 = x_1 \mp \Delta x_1$$

とする．$f(x_2) = 0$ であれば終了である．そこで $\pm f(x_2) > 0$ の場合を考える．

このときは $f(x_1)$ と $f(x_2)$ が同符号であればメッシュを変えず，異符号であればメッシュを半分にする．すなわち複合同順で

$$\pm f(x_1) > 0 \implies \Delta x_2 = \Delta x_1, \quad \pm f(x_1) < 0 \implies \Delta x_2 = \Delta x_1/2$$

として，

$$x_3 = x_2 \mp \Delta x_2$$

とする．この手続きを繰り返し，両側評価 (19.2) を用いて近似解の精度が 1 万桁であることを判定して，終了条件とする．

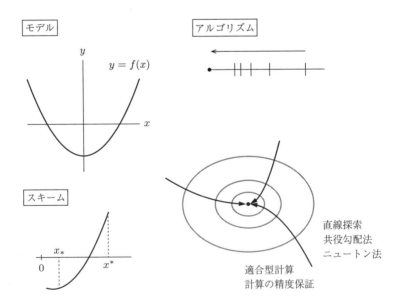

図 19.1　モデル・スキーム・アルゴリズム

19.2 ● ニュートン法

　上述の直線探索は簡明ではあるが，計算効率は良くない．6.4 節で述べた
ニュートン法は良好な近似解を初期推定とするときに優位性をもつので，直線
探索を適用して良好な近似解を得た後に，ニュートン法を適用して反復列を構
成することを考える．

　一般にニュートン法は連続微分可能な関数 $f(x)$ に対して

$$g(x) = x - \frac{f(x)}{f'(x)} \tag{19.4}$$

として，$f(x) = 0$ を解く代わりに関数 $g(x)$ の不動点

$$x = g(x)$$

を逐次近似法で求めるものである：

$$x_{k+1} = g(x_k), \quad k = 0, 1, \dots \tag{19.5}$$

この $x_k, k = 0, 1, \dots$ が $f'(x) \neq 0$ の範囲で収束し，

$$\lim_{k \to \infty} x_k = x_*$$

であるものとすると，式 (19.5) と $g(x)$ の連続性から

$$x_* = g(x_*) \tag{19.6}$$

となり，求める $g(x)$ の不動点 $x = x_*$ が得られる．

　反復列の収束を保証するのが次の**縮小写像の原理**である．この定理では，条
件より不動点 x_* の一意性は明らかであり，その存在は反復列がコーシー列に
なっていることから示すことができる．

定理 19.1　有界閉区間 $F = [a, b]$, $a < b$ と写像 $g : F \to F$ に対し，定数
$0 < L < 1$ に対して

$$|g(x) - g(y)| \leq L|x - y|, \quad \forall x, y \in F \tag{19.7}$$

を満たすとすると，$g(x)$ の不動点 $x_* \in F$,

$$x_* = g(x_*)$$

が一意に存在し，任意の初期推定 $x_0 \in F$ に対して，(19.5) で定められる反復
列 $x_k, k = 1, 2, \dots$ は x_* に収束する：

$$\lim_{k \to \infty} x_k = x_*$$

この定理を適用するために，次の定理が有用である．

定理 19.2 $g(x)$ は $[a,b]$ 上連続，(a,b) 上微分可能で微係数 $g'(x)$ は $[a,b]$ 上に連続に拡張できるものとする．$g(x)$ の不動点 $x_* \in [a,b]$ が存在して定数 $0 < L < 1, d > 0$ に対して

$$|g'(x)| \leq L, \quad \forall x \in [x_* - d, x_* + d] \tag{19.8}$$

が成り立つものとすると，この $g(x)$ は $F = [x_* - d, x_* + d]$ に対して，前定理の仮定を満たす．

証明 (19.8) と微積分学の基本定理より，任意の $x, y \in F$ に対して

$$|g(x) - g(y)| = \left| \int_x^y g'(sx + (1-s)y) \, \mathrm{d}s \right|$$

$$\leq \left| \int_x^y |g'(sx + (1-s)y)| \, \mathrm{d}s \right| \leq L \left| \int_x^y \mathrm{d}s \right| = L|x - y|$$

となる．一方 $x_* \in F$ は $g(x_*) = x_*$ を満たすので

$$|g(x) - x_*| = |g(x) - g(x_*)| \leq L|x - x_*|$$

$$\leq L|x - x_*| \leq Ld < L, \quad \forall x \in F$$

となり，g は性質 $g : F \to F$ をもつ． ∎

上記定理は求める x_* を用いて述べられているので，実用上は，直線探索によって求めた x_* の近似値とその誤差の上限を求めて活用する．すなわち，

$$\widetilde{F} \subset F \subset \widehat{F}$$

となる二つの集合 $\widetilde{F}, \widehat{F}$ を確定し，近似精度を高めて定数 $0 < L < 1$ に対して

$$|g'(x)| \leq L, \ \forall x \in \widehat{F} \tag{19.9}$$

が成り立つようにしてから，初期推定 x_0 を $x_0 \in \widetilde{F}$ とする．

具体的には，直線探索によって $\widetilde{x} < x_* < \widehat{x}$ となる $\widetilde{x}, \widehat{x}$ を求め，正数 $\widetilde{d} < \widehat{d}$ を用いて

$$\widetilde{F} = [\widetilde{x} - \widehat{d}, \widetilde{x} + \widetilde{d}], \quad \widehat{F} = [\widehat{x} - \widetilde{d}, \widehat{x} + \widehat{d}] \tag{19.10}$$

として，定数 $0 < L < 1$ に対して

$$|g'(x)| \leq L, \ \forall x \in \widehat{F}$$

となるようにする.

(19.1) に対しては

$$g(x) = x - \frac{f(x)}{f'(x)} = x - \frac{x^2 - 2}{2x} = \frac{x}{2} + \frac{1}{x}$$

であり,

$$g'(x) = \frac{1}{2} - \frac{1}{x^2}, \quad g''(x) = 2x^{-3}$$

である. 従って, $\widehat{F} = [1, 2]$ であれば

$$-\frac{1}{2} = g'(1) \le g'(x) \le \frac{1}{2} = g'(2), \quad \forall x \in \widehat{F}$$

となり, $L = \dfrac{1}{2}$ に対して (19.9) が成り立つ.

一方, 直線探索によって

$$\widetilde{x} = 1.4 < x_* = \sqrt{2} < \widehat{x} = 1.5$$

がわかっているとすると, $\widetilde{d} = 0.4, \widehat{d} = 0.5$ に対して (19.10) で定める $\widetilde{F}, \widehat{F}$ は

$$\widetilde{F} = [0.9, 1.8], \quad \widehat{F} = [1, 2]$$

となって上記 $\widehat{F}$ と整合する. よって初期推定を $x_0 \in \widetilde{F}$ とすれば, 反復列 (19.5) は $x_* = \sqrt{2}$ に収束する.

●**誤差評価**●　要求されている 1 万桁の有効数字を実現するためには, 真の解 $x_* = \sqrt{2}$ と近似解 x_k との差を見積もる必要がある. そこで次の定理を用いる.

定理 19.3　定理 19.2 において, 計算値

$$\varepsilon_k = |x_k - x_{k-1}|$$

に対して

$$\frac{\varepsilon_k}{1+L} \le |x_k - x_*| \le \frac{\varepsilon_k}{1-L}, \quad k = 1, 2, \ldots \tag{19.11}$$

が成り立つ.

(19.7) により

$$\varepsilon_k \le L^k \varepsilon_0, \quad k = 1, 2, \ldots$$

であり, (19.11) の第 2 式から

$$|x_k - x_*| \le \frac{\varepsilon_0}{1-L} L^k \tag{19.12}$$

が得られる．右辺は $k \to \infty$ でゼロに収束する量で反復回数 k で誤差を上から評価しているので，この値によって近似値 x_k の有効数字を保証することが可能である．

定理 19.3 より次が得られる．

定理 19.4 (19.4) において

$$A, B > 0, \; F = [x_* - d, x_* + d]$$

に対して $f(x)$ は F において 2 回連続微分可能で

$$|f'(x)| \geq A, \; |f''(x)| \leq B, \quad \forall x \in F$$

が成り立つならば

$$|x_{k+1} - x_*| \leq \frac{B}{2A} |x_k - x_*|^2$$

となる．

　この定理を

$$f(x) = x^2 - 2, \quad \widehat{F} = [1, 2]$$

に適用すると，$A = B = 2$ に対して

$$|f'(x)| \geq A, \; |f''(x)| \leq B, \quad x \in \widehat{F}$$

であるので，ニュートン反復列 $x_k, \; k = 1, 2, \ldots$ は

$$|x_{k+1} - x_*| \leq \frac{1}{2} |x_k - x_*|^2$$

を満たす．特に $\eta_k, \; k = 0, 1, \ldots$ を

$$\eta_0 = 10^{-1}, \quad \eta_{k+1} = \frac{1}{2} \eta_k{}^2, \; k = 1, 2, \ldots$$

で定めれば，

$$\varepsilon_k = |x_k - x_{k-1}| \leq \eta_k, \quad k = 0, 1, \ldots \tag{19.13}$$

である．

　$\zeta_k = \eta_k / 2$ に対し

$$\zeta_{k+1} = \zeta_k{}^2, \quad \zeta_0 = 2^{-1} 10^{-1}$$

さらに $\zeta_k = 10^{-\ell_k}$ とすると

$$\ell_{k+1} = 2\ell_k, \quad \ell_0 = 1 + \log_{10} 2 = 1.3\ldots$$

となる. これより

$$\ell_k = \ell_0 2^k, \ k = 0, 1, \ldots, \quad \ell_0 > 1$$

が得られる.

1万桁の有効数字を得るために

$$2^k \geq 10^4$$

となる k を選ぶと

$$k \geq \frac{4}{\log_{10} 2} = 14.\ldots$$

となるので, 初期推定を $\widetilde{F} = [0.9, 1.8]$ からとってニュートン反復を15回行えば, 少なくとも1万桁の精度で $\sqrt{2}$ を近似する小数が得られることがわかる.

19.3 ● いくつかの証明

前節で用いた定理 19.3 と定理 19.4 の証明を与える.

証明 (定理 19.3)

不等式 (19.7) と $x_{k+1} = g(x_k)$, $x_* = g(x_*)$ より

$$\varepsilon_k = |x_{k+1} - x_k| \leq |x_{k+1} - x_*| + |x_* - x_k|$$

$$= |g(x_k) - g(x_*)| + |x_k - x_*| \leq (L+1)|x_k - x_*|$$

よって

$$\frac{\varepsilon_k}{L+1} \leq |x_k - x_*|$$

となる. また

$$|x_k - x_*| \leq |x_k - x_{k+1}| + |x_{k+1} - x_*|$$

$$= |x_k - x_{k+1}| + |g(x_k) - g(x_*)| \leq \varepsilon_k + L|x_k - x_*|$$

より

$$|x_k - x_*| \leq \frac{\varepsilon_k}{1-L}$$

が得られる. ∎

証明　(定理 19.4)

(19.4) より

$$x_{k+1} = x_k - \frac{f(x_k)}{f'(x_k)}$$

従って

$$x_{k+1} - x_* = -\frac{f(x_k) - f(x_*) + (x_k - x_*)f'(x_k)}{f'(x_k)}$$

となる. 2.1 節で述べた 2 次のテイラー展開と, $x_k, x_* \in F$ より

$$|f(x_*) - f(x_k) - (x_* - x_k)f'(x_k)| \le \frac{B}{2}$$

従って

$$|x_{k+1} - x_*| \le \frac{B}{2A}|x_k - x_*|^2$$

が得られる. ▌

章末問題

直線探索においてメッシュを変更しなければならないのはなぜか.

ねらい　計算アルゴリズムはループに陥ることなく正しい解に収束すること, 終了条件が与えられていることが必要であり, 得られた数値の評価法がその補足条件となる. どのようにしてアルゴリズムを構築すべきかの基本を押さえることをねらいとしている.

●コラム 19　適合型計算

　不等式 (19.11) は x_k と x_* との近似誤差がほぼ ε_k のオーダーであることを示している. ε_k は計算後に得られるので, この式を**事後評価**という. 一方 (19.12) では, 事前に何回計算すればよいかがわかるので, この式を**事前評価**という. 一般に計算結果を踏まえて次のステップを決める計算法が**適合型計算**である. 直線探索は適合型計算であり, 第 14 章演習問題で述べたカルマンフィルタも適合型計算を用いたアルゴリズムの 1 つである.

20 線形計画法

線形計画法の問題は，制約条件が線形不等式で表され，コストを最小化したりリターンを最大化したりする形で定式化される．市場で売買が成立するのは，売り手と買い手が納得する価格が存在するからである．その理由はそれぞれの立場での制約条件のもとに，コストを最小化することとリターンを最大化することが補完的な関係にあることにあり，このことを双対定理という．本章では単体法を用いて双対定理の証明を与え，その結果として行列ゲームの均衡が得られることを述べる．

20.1 ● 単体法

本章ではベクトル $\boldsymbol{x} = (x_i) \in \mathbb{R}^n$ が $\boldsymbol{x} \geq 0$ であるとはそのすべての成分がゼロ以上であること，$\boldsymbol{x} > 0$ であるとはそのすべての成分が正であることとする：

$$0 \leq \boldsymbol{x} = (x_i) \in \mathbb{R}^n \iff x_i \geq 0,\ 1 \leq \forall i \leq n$$

$$0 < \boldsymbol{x} = (x_i) \in \mathbb{R}^n \iff x_i > 0,\ 1 \leq \forall i \leq n$$

また $A \in M_{m,n}(\mathbb{R})$ は，不足決定系 $m < n$ でフルランクの行列であるとし，その階数を

$$r = r(A) = m$$

とする．このとき与えられた $\boldsymbol{b} \in \mathbb{R}^m$ に対し，

$$F = \{\boldsymbol{x} \in \mathbb{R}^n \mid \boldsymbol{x} \geq 0,\ A\boldsymbol{x} \geq \boldsymbol{b}\} \tag{20.1}$$

は $\mathbb{R}^n$ 内の非有界な超多面体である．以後簡単のため，A の列ベクトルを並び替え，最初の m 個の列ベクトルが線形独立であるものとする．

線形計画法の**主問題**は，与えられた $\boldsymbol{c} \in \mathbb{R}^n$ に対して，**コスト**

$$\boldsymbol{c} \cdot \boldsymbol{x}$$

を $\boldsymbol{x} \in F$ で最小化すること，すなわち

$$\min_{\boldsymbol{x} \in F} \boldsymbol{c} \cdot \boldsymbol{x} \tag{20.2}$$

を達成する $x \in F$ を求めることである．この解は F の頂点にあるので，**単体法**では最初に F の頂点をとらえ，次に F の辺に沿って x を滑らせて $c \cdot x$ を減少させて次の頂点に至る．この操作を繰り返して，$c \cdot x$ の値が改善しなくなるところで終了する．

　ここで x が F の頂点にあるということは，成分で数えて $(n+m)$ 個の不等式

$$x \geq 0, \quad Ax \geq b$$

を満たし，そのうちの n 個が等式となっていることを意味する．

　問題を簡略化するために

$$\widetilde{x} = \begin{pmatrix} x \\ z \end{pmatrix} \in \mathbb{R}^{n+m}, \quad z = Ax - b \in \mathbb{R}^m$$

とおき，$I \in M_{m,m}(\mathbb{R})$ を単位行列として

$$\widetilde{A} = (A \ -I) \in M_{m,n+m}(\mathbb{R}) \tag{20.3}$$

とする．すると

$$x \in F \iff \widetilde{x} \geq 0, \ \widetilde{A}\widetilde{x} = b$$

であり，x が F の頂点にあるということは $\widetilde{x}$ の n 個の成分がゼロであることを意味する．以後このことを $\tilde{x}$ は**基底可能解**であるという．また

$$\widetilde{c} = \begin{pmatrix} c \\ 0 \end{pmatrix}$$

に対し

$$c \cdot x = \widetilde{c} \cdot \widetilde{x}$$

である．

　単体法のアルゴリズムは次のように駆動させる．

第 1 ステップ．　$\widetilde{A}\widetilde{x} = b$ の基底可能解 $\widetilde{x}$ を取り，成分を並び替えて

$$\widetilde{x} = \begin{pmatrix} x_b \\ 0 \end{pmatrix}, \quad x_b \in \mathbb{R}^m \tag{20.4}$$

とする．この並び替えに対応して

$$\widetilde{c} = \begin{pmatrix} c_b \\ c_f \end{pmatrix}, \quad c_b \in \mathbb{R}^m, \ c_f \in \mathbb{R}^n \tag{20.5}$$

とし, $\widetilde{A}$ も並び替えて

$$\widetilde{A} = (B\ F),\ B \in M_{m,m}(\mathbb{R}),\ F \in M_{m,n}(\mathbb{R})$$

とする.

このとき

$$\widetilde{A}\widetilde{x} = b \iff Bx_b = b$$

であるが, $\widetilde{A}$ の並び替えは行に関するものなので, 最初の列に関する A の並び替えから, B は正則行列になり,

$$x_b = B^{-1}b$$

となる. すなわち並び替えによって基底可能解 $\widetilde{x}$ の最初の m 個の座標は A, b によって決まってしまう.

第2ステップ. この頂点から辺に沿って滑り出すと, $\widetilde{x}$ の $m+1$ 番目以降の成分を正にすることになる. このときの $\widetilde{x} \in F$ を

$$\widetilde{x}' = \begin{pmatrix} x'_b \\ x_f \end{pmatrix} \tag{20.6}$$

とすると

$$\widetilde{A}\widetilde{x}' = (B\ F)\begin{pmatrix} x'_b \\ x_f \end{pmatrix} = Bx'_b + Fx_f = b$$

より

$$x'_b = B^{-1}b - B^{-1}Fx_f \tag{20.7}$$

となる.

$\widetilde{x}'$ に対するコストは

$$\widetilde{c} \cdot \widetilde{x}' = c_b \cdot x'_b + c_f x_f = c_b \cdot (B^{-1}b - B^{-1}Fx_f) + c_f \cdot x_f$$

$$= c_b \cdot B^{-1}b + (c_f - (B^{-1}F)^T c_b) \cdot x_f \tag{20.8}$$

であり, (20.8) の右辺第1項は直前頂点 (基底可能解) におけるコストである. 従って第2項がゼロ以上であれば, $x_f > 0$ の方向に (20.6) の $\widetilde{x}'$ をとってもコストは減少しない. すなわち, このようなことがすべての $x_f > 0$ で成り立てば $\widetilde{x}$ は最適解であり, これをもって終了条件とすることができる.

以上をまとめて次の定理が得られる.

定理 20.1　ベクトルとして

$$\boldsymbol{g} = \boldsymbol{c}_f - (B^{-1}F)^T \boldsymbol{c}_b \geq 0$$

のときは，(20.4) の基底可能解 $\widetilde{\boldsymbol{x}}$ は主問題の最適解で，その最小コストは (20.5) で定める $\widetilde{\boldsymbol{c}}$ に対して

$$\boldsymbol{c}_b \cdot B^{-1} \boldsymbol{b}$$

で与えられる.

この頂点が最適でないときには次のように更新する.

第 3 ステップ.　$\boldsymbol{g} \geq 0$ が成り立たない場合は，その絶対値最大の負の成分（第 i 成分）をとり，対応する辺に沿って次の頂点まで移動する. すなわち，第 i 成分のみ 1，それ以外の成分ゼロの単位ベクトル $\boldsymbol{e}_i$ をとり，(20.6) において

$$\boldsymbol{x}_f = \alpha \boldsymbol{e}_i, \quad \alpha > 0$$

とする. (20.7) より

$$\boldsymbol{x}_b' = B^{-1}\boldsymbol{b} - \alpha B^{-1}F\boldsymbol{e}_i$$

であり，この $\boldsymbol{x}_b'$ のどれか一つの成分がゼロとなるまで $\alpha > 0$ を増大させれば，次の頂点（基底可能解）に至るので，第 1 ステップに戻る.

20.2 ● 双対定理

与えられた $A \in M_{m,n}(\mathbb{R})$, $\boldsymbol{b} \in \mathbb{R}^m$, $\boldsymbol{c} \in \mathbb{R}^n$ に対する主問題 (20.1)-(20.2) に対し，

$$G = \{\boldsymbol{y} \in \mathbb{R}^m \mid \boldsymbol{y} \geq 0,\ A^T\boldsymbol{y} \leq \boldsymbol{c}\} \tag{20.9}$$

とおき，**リターン**

$$\boldsymbol{b} \cdot \boldsymbol{y}$$

を $\boldsymbol{y} \in G$ に対して最大化する問題

$$\max_{y \in G}\ b \cdot y \tag{20.10}$$

をその**双対問題**という.

例20.1 n 種の食材を購入して，m 種の栄養価を確保する問題は主問題である．実際 a_{ij}，$1 \leq i \leq m, 1 \leq j \leq n$ を，第 i 種の栄養が単位当たりの第 j 種の食材に含まれる量，$c_j, 1 \leq j \leq n$ を第 j 種食材の単価，$b_i, 1 \leq i \leq m$ を第 i 種栄養価の必要量，$x_j \geq 0, 1 \leq j \leq n$ を第 j 種食材の購入量とすれば，

$$\boldsymbol{c} \cdot \boldsymbol{x} = \sum_{j=1}^{n} c_j x_j$$

は食材全体の購入費であり，

$$\boldsymbol{x} \geq 0, \ A\boldsymbol{x} \geq \boldsymbol{b}$$

はすべての栄養品目の必要量が充足されるという要請を示す条件である．従って主問題 (20.1)-(20.2) は，栄養価の条件を満たして食材購入費を最小にする最適化問題を表している．

このとき，n 種の食材から m 種の栄養食品を製造して販売する問題が双対問題になる．ここでは $1 \leq j \leq n, 1 \leq i \leq m$ に対する a_{ij}, b_i, c_j は主問題と同じ意味をもつもので，$y_i \geq 0$ が第 i 種栄養食品の単位当たりの販売価格を表す．各栄養食品にはぎりぎりの栄養価を補給するので

$$\boldsymbol{b} \cdot \boldsymbol{y}$$

がこの食品の総販売価格になる．一方でこの商品が販売できるためには

$$\sum_{i=1}^{m} y_i a_{ij} \leq c_j, \quad 1 \leq j \leq n \tag{20.11}$$

すなわち

$$A^T \boldsymbol{y} \leq \boldsymbol{c}$$

である必要がある．実際 (20.11) の左辺は，これらの食品を第 j 種食材に分解したときの全体としての単価であり，この値が 1 つでも食材の単価を越えると消費者は食品を購入しない．従って食品製造業者は，商品が販売できる条件

$$\boldsymbol{y} \geq 0, \ A^T \boldsymbol{y} \leq \boldsymbol{c}$$

の下で，販売総額（リターン）

$$\boldsymbol{b} \cdot \boldsymbol{y}$$

を最大化する．これは上記の主問題に対する双対問題である．

　実は主問題の最適コストと双対問題の最適リターンは同じ値になる．これが次に述べる双対定理である．

> **定理 20.2**　主問題の最適解 $\boldsymbol{x}^*$ と双対問題の最適解 $\boldsymbol{y}^*$ は，等式
> $$\boldsymbol{c} \cdot \boldsymbol{x}^* = \boldsymbol{b} \cdot \boldsymbol{y}^* \tag{20.12}$$
> を満たす．

　定理 20.2 を**双対定理**という．消費者が，主問題の条件
$$A \in M_{m,n}(\mathbb{R}), \quad \boldsymbol{b} \in \mathbb{R}^m, \quad \boldsymbol{c} \in \mathbb{R}^n \tag{20.13}$$
に従って食材を購入しているとき，食品製造業者がつける価格 $\boldsymbol{y}^*$ は，消費者が選択する購入量 $\boldsymbol{x}^*$ と関連した等式 (20.12) を満たさなければならない．そこでこの $\boldsymbol{y}^*$ を**シャドウプライス**という．

20.3 ● 双対定理の証明

　ここでは単体法によって示す．条件 (20.13) において $r(A) = m < n$ であり，A の最初の $r = r(A)$ 列が線形独立であるとする．また $F \subset \mathbb{R}^n, G \subset \mathbb{R}^m$ を (20.1), (20.9) で定める．

補題 1　$\boldsymbol{x} \in F, \boldsymbol{y} \in G$ に対し，常に
$$\boldsymbol{b} \cdot \boldsymbol{y} \leq \boldsymbol{c} \cdot \boldsymbol{d}$$
となる．

証明　仮定より得られる
$$\boldsymbol{b} \leq A\boldsymbol{x}, \quad \boldsymbol{y}^T A \leq \boldsymbol{c}^T$$
の両辺のそれぞれに，左から $\boldsymbol{y}^T \geq 0$，右から $\boldsymbol{x} \geq 0$ を掛ければ
$$\boldsymbol{y}^T \boldsymbol{b} \leq \boldsymbol{y}^T A\boldsymbol{x}, \quad \boldsymbol{y}^T A\boldsymbol{x} \leq \boldsymbol{c}^T \boldsymbol{x}$$
よって
$$\boldsymbol{b} \cdot \boldsymbol{y} = \boldsymbol{y}^T \boldsymbol{b} \leq \boldsymbol{y}^T A\boldsymbol{x}^T \leq \boldsymbol{c}^T \boldsymbol{x} = \boldsymbol{c} \cdot \boldsymbol{x}$$
が成り立つ．

補題 **2**　$\boldsymbol{x}^* \in F$, $\boldsymbol{y}^* \in G$ が

$$\boldsymbol{c} \cdot \boldsymbol{x}^* = \boldsymbol{b} \cdot \boldsymbol{y}^* \tag{20.14}$$

を満たせば，それぞれ主問題，双対問題の最適解である．

証明　補題 1 より

$$v \equiv \min_{\boldsymbol{x} \in F} \boldsymbol{c} \cdot \boldsymbol{x} \geq V \equiv \max_{\boldsymbol{y} \in G} \boldsymbol{b} \cdot \boldsymbol{y}$$

であるので，$\boldsymbol{x}^* \in F$, $\boldsymbol{y}^* \in G$ より

$$\boldsymbol{c} \cdot \boldsymbol{x}^* \geq v \geq V \geq \boldsymbol{b} \cdot \boldsymbol{y}^* \tag{20.15}$$

となる．仮定 (20.14) より，(20.15) はすべて等号となり，特に

$$v = \boldsymbol{c} \cdot \boldsymbol{x}^*, \quad V = \boldsymbol{b} \cdot \boldsymbol{y}^*$$

が得られる．従って $\boldsymbol{x}^*$, $\boldsymbol{y}^*$ はそれぞれ主問題，双対問題の最適解である．　∎

証明　(定理 20.2)

主問題に単体法を適用して得た最適解を $\boldsymbol{x}^* \in F$ として，並び替えで

$$\boldsymbol{x}^* = \begin{pmatrix} \boldsymbol{x}_b^* \\ \boldsymbol{0} \end{pmatrix}, \; \boldsymbol{x}_b^* \in \mathbb{R}^m$$

とする．対応して $\boldsymbol{c}$ を並び替えて

$$\boldsymbol{c} = \begin{pmatrix} \boldsymbol{c}_b \\ \boldsymbol{c}_f \end{pmatrix}$$

とすれば，$\boldsymbol{x}^*$ が最適解であるので

$$\boldsymbol{g} \equiv \boldsymbol{c}_f - (B^{-1}F)^T \boldsymbol{c}_b \geq 0 \tag{20.16}$$

であり，このときのコストは

$$\boldsymbol{c} \cdot \boldsymbol{x}^* = \begin{pmatrix} \boldsymbol{c}_b \\ \boldsymbol{c}_f \end{pmatrix} \cdot \begin{pmatrix} B^{-1}\boldsymbol{b} \\ \boldsymbol{0} \end{pmatrix} = \boldsymbol{c}_b \cdot B^{-1}\boldsymbol{b} \tag{20.17}$$

ただし $\widetilde{A} = [B\ F]$ を，対応する (20.3) の並び替えとする．

主問題で適用した単体法のアルゴリズムは，ベクトルと行列の転置を取ると双対問題に対する単体法のアルゴリズムになる．拡張 (20.3) に対応する

$$y \in G \iff \begin{pmatrix} A^T \\ -I \end{pmatrix} y \le \begin{pmatrix} c \\ 0 \end{pmatrix}$$

は，上記並び替えに応じて

$$\begin{pmatrix} B^T \\ F^T \end{pmatrix} y \le \begin{pmatrix} c_b \\ c_f \end{pmatrix} \iff B^T y \le c_b, \ F^T y \le c_f \tag{20.18}$$

となる．

　ここで $y^* = (B^{-1})^T c_b$ とすると

$$B^T y^* = c_b$$

であり，(20.16) より

$$F^T y^* = F^T (B^{-1})^T c_b = (B^{-1}F)^T c_b \le c_f$$

も成り立つ．従って条件 (20.18) より $y^* \in G$ が得られる．

　一方 (20.17) より

$$b \cdot y^* = (y^*)^T b = (c_b)^T B^{-1} b = c_b \cdot B^{-1} b = c \cdot x^*$$

となり，補題 2 が適用できる．すなわち $y^* \in G$ は双対問題の最適解であり，等式 (20.12) を満たす．

章末問題

　製造した製品を販売する．$c \in \mathbb{R}^n$ を資源の保有量，$y \in \mathbb{R}^m$ を製品の量，$A^T = (a_{ji})$ を製品の製造に必要な資源の係数，$b \in \mathbb{R}^m$ を販売の価格係数として双対問題を考え，主問題では購入業者が資源を $x \in \mathbb{R}^n$ で価格付けをする．このとき売買が成立することを説明せよ．

ねらい 双対定理によって購入価格 $c \cdot x^*$ と販売価格 $d \cdot y^*$ が等しくなる．このとき，y^* がシャドウプライスになる．

●コラム 20　　行列ゲーム

2 人の競技者 X, Y がゲームをする. X, Y は選択できる手がそれぞれ m, n 個あり, これらを確率

$$x_i \geq 0,\ 1 \leq i \leq m,\ \sum_{i=1}^{m} x_i = 1, \quad y_j \geq 0,\ 1 \leq j \leq n, \quad \sum_{j=1}^{n} y_j = 1$$

で選択する. このような戦略を**混合戦略**という.

X が i の手, Y が j の手を出したときの X の得点 (符号付) を a_{ij} とする. 従って (X, Y) が (i, j) の手を選ぶ確率は $x_i y_j$, そのときの X の得点の期待値は $a_{ij} x_i x_j$ であり, X の得点の期待値はゲーム全体で

$$\sum_{i,j} a_{ij} x_i y_j = \boldsymbol{x}^T A \boldsymbol{y}, \quad A = (a_{ij}) \in M_{m,n}(\mathbb{R})$$

となる.

X は Y が最善を尽くした場合に自分の得点が最大になるように戦略 $\boldsymbol{x}^*$ を選び, Y は逆に X が最善を尽くした場合に, 相手の得点が最小になるように戦略 $\boldsymbol{y}^*$ を選ぶ. 式で書けば

$$\min_{\boldsymbol{y}} \boldsymbol{x}^{*T} A \boldsymbol{y} = \max_{\boldsymbol{x}} \min_{\boldsymbol{y}} \boldsymbol{x}^T A \boldsymbol{y}, \quad \max_{\boldsymbol{x}} \boldsymbol{x}^T A \boldsymbol{y}^* = \min_{\boldsymbol{y}} \max_{\boldsymbol{x}} \boldsymbol{x}^T A \boldsymbol{y}$$

このとき両者の値は等しい:

$$\max_{\boldsymbol{x}} \min_{\boldsymbol{y}} \boldsymbol{x}^T A \boldsymbol{y} = \min_{\boldsymbol{y}} \max_{\boldsymbol{x}} \boldsymbol{x}^T A \boldsymbol{y}$$

これをフォン・ノイマンの**ミニマックス定理**という. 証明は線形計画法の対定理の場合と同様である.

21 微分方程式

物理現象は微分方程式でモデリングされることが多い。このモデルに初期状態を入力すれば，定められた時刻での状態量を出力することができ，逆に物理的な規則に従って発生しているデータについては，その機序を記述する微分方程式を踏まえた分析をする必要がある。本章では特に常微分方程式について，その取り扱い，応用，モデリングについて述べる。

21.1 ● 常微分方程式

3.1 節で述べたように，微分の定義

$$x'(t) = \lim_{h \to 0} \frac{x(t+h) - x(t)}{h} \tag{21.1}$$

における右辺の差分商において分母はスカラーである必要がある。t が時間変数の場合，分子がスカラー $x = x(t) \in \mathbb{R}$ であれば

$$x' = \dot{x} = \frac{\mathrm{d}x}{\mathrm{d}t} \tag{21.2}$$

は時間に依存する物理量 $x(t)$ の時間変化率を表す。ベクトル $\boldsymbol{x} = \boldsymbol{x}(t) \in \mathbb{R}^3$ が空間に置かれた質点の**位置**を表すのであれば，(21.2) は**速度**，

$$\frac{\mathrm{d}}{\mathrm{d}t}\left(\frac{\mathrm{d}\boldsymbol{x}}{\mathrm{d}t}\right) = \frac{\mathrm{d}^2\boldsymbol{x}}{\mathrm{d}t^2} = \boldsymbol{x}'' = \ddot{\boldsymbol{x}}$$

は**加速度**になる。質点にかかる力を $\boldsymbol{f}$，質量を m とすれば**ニュートンの運動方程式**は

$$m\ddot{\boldsymbol{x}} = \boldsymbol{f} \tag{21.3}$$

で記述される。

(21.3) のように独立変数が1つである微分方程式を**常微分方程式**という。二つ以上の独立変数をもつ関数を未知関数とする微分方程式は**偏微分方程式**という。一般に未知関数が1つの方程式を**単独方程式**，そうでないものを**連立方程**

式という．化学反応や生命動態によるスカラー量 $x(t)$ の時間変化が単独方程式で記述される場合は 0 次や 1 次の反応項，連立方程式で記述される場合は 2 次の反応項で記述されることが多い．

●**0 次反応**● $b \in \mathbb{R}$ を定数とした 0 次反応

$$\dot{x} = b$$

では，$b > 0$ の場合は**流入率**，$b < 0$ の場合は**流出率**と考えることができる．初期値を $x(0) = x_0$ とすると解は

$$x(t) = bt + x_0$$

で与えられ，例えば $b < 0$ の場合には $x_0 > 0$ であっても時間が十分たつと $x(t) < 0$ になる．

●**1 次反応**● $a \in \mathbb{R}$ を定数としたときの 1 次反応

$$\dot{x} = ax$$

では，$a > 0$ の場合は**増殖率**，$a < 0$ の場合は**消滅率**と考えることができる．同じように初期値を $x(0) = x_0 > 0$ とする場合，解は

$$x(t) = x_0 e^{at}$$

となり，$a > 0$ では指数関数的に増大していくのに対し，$a < 0$ では指数的に減衰してゼロに漸近するが，いくら時間がたっても $x(t) > 0$ は保たれる．

●**連立系**● 2 つの未知関数 $x(t), y(t) \in \mathbb{R}$ に関する連立常微分方程式

$$\dot{x} = f(x, y), \quad \dot{y} = g(x, y) \tag{21.4}$$

において右辺が $f(x, y), g(x, y)$ となっているのは，x, y の時間変化がその瞬間の x, y の値によって規定されていることを表している．一般に，方程式に含まれる未知関数の導関数の最大数をその方程式の**階数**という．また最高階微係数について陽に表示されている方程式を**標準形**，さらに右辺に独立変数 t を陽に含まないものを自励系という．

(21.4) は自励系の 2 連立方程式である．このとき

$$f_y(x, y) < 0 < g_x(x, y)$$

が成り立つときは x は y に対して**活性化因子**として働き，y は x に対して**抑制因子**として働く．また

$$f_y(x,y),\ g_x(x,y) < 0$$

であるとすると，x, y は**競合的な関係**にある．一般に各成分ゼロ以上の初期値に対し，解が常に同様の性質をもつことを**擬似正値**であるという．(21.4) の場合には，$f(x,y), g(x,y)$ が $x, y \geq 0$ で局所リプシッツで

$$f(0,y), g(x,0) \geq 0, \quad \forall x, y \geq 0$$

であれば擬似正値である．すなわち

$$x(0),\ y(0) \geq 0 \implies x(t),\ y(t) \geq 0$$

が成り立つ．

　常微分方程式の数学的な取り扱いで当面押さえておかなければいけないのは，**正規化**，**求積**，**爆発**，**定数係数線形連立方程式**の 4 つである．

●**正規化**●　異なる形の微分方程式でも，変数変換をおこなうと同一のものになる場合がある．係数を 1 にするなど，変数変換によって方程式をより単純な形に変更することを正規化という．

例 21.1　$k \in \mathbb{R} \setminus \{0\}$ を定数とする単独 1 階方程式

$$\frac{\mathrm{d}x}{\mathrm{d}t} = kx^2 \tag{21.5}$$

は $\bar{t} = kt$ とすれば

$$\frac{\mathrm{d}x}{\mathrm{d}\bar{t}} = x^2 \tag{21.6}$$

に変換される．(21.5) において $y = kx$ としても，

$$\frac{\mathrm{d}y}{\mathrm{d}t} = y^2$$

となり，(21.6) と同じ形が得られる．

●**求積**●　方程式から解を陽に表示することを求積という．最も基本的なものは単独 1 階自励系

$$\frac{\mathrm{d}x}{\mathrm{d}t} = f(x)$$

である．この形は**変数分離形**ともいい

$$\int \frac{\mathrm{d}x}{f(x)} = \int \mathrm{d}t = t + c \tag{21.7}$$

として，左辺の原始関数を求めれば，解を陽に表示することができる．ただし c は積分定数で，初期値 $x(0)$ から定める．

　次の例題の方程式は，ニュートンの冷却の法則により，常温付近で液体の温度が下がっていく割合は周囲の空気とその液体との温度差に比例することから導出される．この例題で，T は例えばカップに入っているコーヒーの温度で，T_S は周囲の気温の温度，k は比例定数である．

例題 21.1　方程式

$$\frac{\mathrm{d}T}{\mathrm{d}t} = -k(T - T_S) \tag{21.8}$$

を求積せよ．

解　(21.7) より

$$\int \frac{\mathrm{d}T}{T - T_S} = -k \int \mathrm{d}t$$

積分定数を c として

$$\log|T - T_S| = -kt + c, \quad T - T_S = e^{-kt+c}$$

$t = 0$ でのコーヒー温度 T_0 とすると，

$$T_0 - T_S = e^c$$

が得られる．これより

$$T - T_S = e^{-kt+c} = e^{-kt} \cdot e^c = e^{-kt} \cdot (T_0 - T_S)$$

よって

$$T = (T_0 - T_S) \cdot e^{-kt} + T_S \tag{21.9}$$

となる．

●爆発●　非線形方程式では，ある時刻を越えて解が延長できないことがおこる．これを解の**爆発**という．

例 21.2　1 階単独方程式

$$\frac{\mathrm{d}x}{\mathrm{d}t} = x^2, \ x(0) = x_0 > 0$$

の解は $T = x_0^{-1}$ に対して

$$x(t) = (T - t)^{-1}, \ T = x_0^{-1}$$

で与えられる. この解は $0 \le t < T$ までは存在するが

$$\lim_{t \uparrow T} x(t) = +\infty$$

となり $t = T$ を越えて接続することはできない.

●**定数係数線形連立方程式**●　与えられた正方行列 $A \in M_{n,n}(\mathbb{R})$ と初期値 $\boldsymbol{x}_0 \in \mathbb{R}^n$ に対し,

$$\frac{\mathrm{d}\boldsymbol{x}}{\mathrm{d}t} = A\boldsymbol{x}, \quad \boldsymbol{x}(0) = \boldsymbol{x}_0$$

を定数係数線形連立方程式という. その解を求める方法はいくつか知られているが, **行列の指数関数**

$$e^{tA} = \sum_{n=0}^{\infty} \frac{A^n}{n!} t^n$$

を使うと

$$\boldsymbol{x}(t) = e^{tA}\boldsymbol{x}_0$$

と表示することができる.

ここで A のジョルダン標準形を用いると e^{tA} の具体形がわかる. すなわち A に対して正則行列 $M \in M_{n,n}(\mathbb{C})$ が存在して

$$M^{-1}AM = J \equiv \begin{pmatrix} J_1 & & \\ & \ddots & \\ & & J_s \end{pmatrix}$$

のように表すことができる．ただし

$$
J_i = \begin{pmatrix} \lambda_i & 1 & & \\ & \lambda_i & \ddots & \\ & & \ddots & 1 \\ & & & \lambda_i \end{pmatrix} \in M_{n_i,n_i}(\mathbb{C}), \quad 1 \leq i \leq s
$$

は**ジョルダンブロック**であり，λ_i は A の固有値である．

ここで $A = MJM^{-1}$ と表して

$$
A^n = MJ^nM^{-1}, \ n = 0,1,\dots
$$

となることに注意すれば

$$
e^{tA} = Me^{tJ}M^{-1}
$$

となり，さらに

$$
e^{tJ} = \begin{pmatrix} e^{tJ_1} & & \\ & \ddots & \\ & & e^{tJ_s} \end{pmatrix}
$$

かつ

$$
e^{tJ_i} = e^{\lambda_i t} \begin{pmatrix} 1 & t & \cdots & \dfrac{t^{n_i-1}}{(n_i-1)!} \\ & 1 & \ddots & \vdots \\ & & \ddots & t \\ & & & 1 \end{pmatrix}, \ 1 \leq i \leq s
$$

であることがわかる．また

$$
\lambda_i = a + \imath b, \ a,b \in \mathbb{R}
$$

とするとオイラーの公式から

$$
e^{\lambda_i t} = e^{at}(\cos bt + \imath \sin bt)
$$

が成り立つ．

21.2 ● 年代測定

　微分方程式の応用例として年代測定について説明する．年代測定の原理は次のようなものであり，地層は年代測定できるが石器は年代測定できない．

　まず，宇宙線が大気に入射すると成層圏付近で窒素 $^{14}_{7}\text{N}$ が炭素 $^{14}_{6}\text{C}$ に変化し，大気中に放出される．$^{14}_{6}\text{C}$ は不安定で，自然に β 崩壊して $^{14}_{7}\text{N}$ に戻る．従って $^{14}_{6}\text{C}$ は不安定であるが，常に成層圏付近で生成され，地表付近における大気中では安定な $^{12}_{6}\text{C}$ に対して一定の割合を占めて存在する．実際，生物圏内の炭素の中の $^{14}_{6}\text{C}$ の割合は 1.2×10^{-10} ％程度（一兆個に一個）である．

　地表に住む生物の体内にある炭素 $^{14}_{6}\text{C}$ と $^{12}_{6}\text{C}$ の割合は，生きている間は大気中の $^{14}_{6}\text{C}$ と $^{12}_{6}\text{C}$ の割合を反映しているが，死んでしまうと体内に残された $^{14}_{6}\text{C}$ はゆっくりと崩壊し，安定な $^{12}_{6}\text{C}$ との間の割合が時間と共に次第に減少していく．放射性炭素年代測定はこの割合を測定して，その生物がいつ死んだかを決める技術である．このことから測定対象は動植物の死骸等に限られ，石器や金属などの無機物では測定することができない．

　ラザフォードの原理によって，原子数の変化率はその時点で存在する原子数に比例する．比例定数（崩壊定数）を λ，放射性物質の密度を x とすると

$$\frac{\mathrm{d}x}{\mathrm{d}t} = -\lambda x, \quad x(0) = x_0 > 0$$

であり，

$$x = x_0 e^{-\lambda t} \tag{21.10}$$

が得られる．$^{14}_{6}\text{C}$ の崩壊定数は

$$\lambda = 1.209 \times 10^{-4} \tag{21.11}$$

であることが知られている．

　地層に生物が埋葬された時刻を $t = 0$ して，現在の時刻を T とする．密度減衰率は死亡時で

$$R_0 = -\frac{\mathrm{d}x}{\mathrm{d}t}\bigg|_{t=0} = \lambda x_0$$

であり，現存する同種生命体の密度減衰率に等しいものとすれば既知である．一方この割合を現時点で測定すると

$$R = -\frac{\mathrm{d}x}{\mathrm{d}t}\bigg|_{t=T} = \lambda x_0 e^{-\lambda T}$$

が得られる．これにより

$$\frac{R_0}{R} = e^{\lambda T}$$

を求めれば，この地層の年代を

$$T = \frac{1}{\lambda} \log \frac{R_0}{R}$$

と測定することができる．

さて (21.10) により

$$x(t + \Delta t) = \frac{x(t)}{2}$$

となる Δt は t によらない．これを**半減期**といい

$$e^{-\lambda \Delta t} = \frac{1}{2}, \quad \Delta t = \frac{\log 2}{\lambda}$$

によって求めることができる．(21.11) を用いると

$$\Delta t = \frac{0.6931 \cdots}{1.209 \times 10^{-4}} = 5733.16 \cdots$$

となり，半減期が約 5730 年であることがわかる．

近似式

$$\left(\frac{1}{2}\right)^{10} \fallingdotseq \frac{1}{1000}$$

によって，物質の崩壊では半減期 10 回で元の $\dfrac{1}{1000}$ 程度の量になる．この辺りが測定できる限界であるとすれば，炭素同位体による年代測定の測定限界は約 5.7 万年前程度である．

21.3 ● 質量作用の法則

常微分方程式は時間 t に依存する量の時間変化の規則を記述している．未知関数が 1 つのものが単独方程式で，通常，規則に応じて 0 次，1 次の反応項を加える．未知関数が 2 つ以上の連立方程式の場合，反応項は関係する種の個体数または密度の積を用い，2 種の結合の場合には 2 次の反応項になる．これが**質量作用の法則**で，異種の個体数の積は，これらの会合する機会の場合の数になっていることに由来する．このモデリングの規則を理解すると，反応速度

定数などのパラメータやシミュレーション結果の有効範囲を適切に設定することができるようになる.

　化学反応で, A, B 分子が反応速度 k で結合して AB 分子が作られ, また AB 分子が反応速度 ℓ で A, B 分子に分解することを

$$A + B \to AB\ (k), \quad AB \to A + B\ (\ell)$$

と書く. またこの反応を**素過程**という. 素過程が溶液中で起こるとき, $A, B,$ AB の濃度を $[A], [B], [AB]$ とすると

$$\frac{\mathrm{d}[A]}{\mathrm{d}t} = -k[A][B] + \ell[AB]$$

$$\frac{\mathrm{d}[B]}{\mathrm{d}t} = -k[A][B] + \ell[AB] \tag{21.12}$$

$$\frac{\mathrm{d}[AB]}{\mathrm{d}t} = k[A][B] - \ell[AB]$$

が成り立つ. 質量作用の法則は, 結合に関する規則について用いられている. これは粒子 A と B の衝突で一定割合で結合が生じるわけであるが, この粒子間の衝突頻度はそれぞれの濃度の積に比例するという経験則に基づいている. 濃度を粒子数と読み替えれば, A, B 両粒子の組み合わせの数と衝突頻度が比例するということであり, 溶液が均質であったり壁の影響がなかったりする場合には, ほぼ成り立つものと考えられている.

　実際 (21.12) より

$$\frac{\mathrm{d}}{\mathrm{d}t}([A] + [AB]) = 0, \quad \frac{\mathrm{d}}{\mathrm{d}t}([B] + [AB]) = 0 \tag{21.13}$$

であり, A 粒子数, B 粒子数が全体として保存されていることがわかる. (21.13) より α, β を定数として

$$[A] = \alpha - [AB], \quad [B] = \beta - [AB]$$

であり, (21.12) 第 3 式から $X = [AB]$ に対して

$$\frac{\mathrm{d}X}{\mathrm{d}t} = k(\alpha - X)(\beta - X) - \ell X \tag{21.14}$$

が得られる. (21.14) は求積可能で, 解 $X(t)$ を陽に表示することができる.

●**ミカエリス・メンテン機構**● 基質 S に酵素 E が反応して複合体 ES を作り，ES から P が産生して E に戻る反応は

$$E + S \to ES\ (k_1),\ ES \to E + S\ (k_{-1}),\ ES \to E + P\ (k_2)$$

で表すことができる．質量作用の法則で書けば，$s = [S]$, $e = [E]$, $f = [ES]$, $p = [P]$ に対して

$$\frac{\mathrm{d}s}{\mathrm{d}t} = -k_1 es + k_{-1} f$$

$$\frac{\mathrm{d}e}{\mathrm{d}t} = -k_1 es + k_{-1} f + k_2 f$$

$$\frac{\mathrm{d}f}{\mathrm{d}t} = k_1 es - k_{-1} f - k_2 f \tag{21.15}$$

$$\frac{\mathrm{d}p}{\mathrm{d}t} = k_2 f$$

であり，触媒の総量

$$e + f = e_T \tag{21.16}$$

は保存量となる：

$$\frac{\mathrm{d}e_T}{\mathrm{d}t} = 0$$

(21.15) は短い初期層の後に準平衡状態

$$\frac{\mathrm{d}f}{\mathrm{d}t} = 0$$

に移行する．これが**ミカエリス・メンテン機構**で，この準平衡においては

$$k_m = \frac{k_{-1} + k_2}{k_1}$$

に対して

$$se = k_m f$$

が成り立つ．

このとき (21.16) より

$$\left(\frac{k_m}{s} + 1\right) f = e_T$$

従って

$$f = \frac{e_T s}{k_m + s} \tag{21.17}$$

であり，また (21.15) より

$$\frac{\mathrm{d}}{\mathrm{d}t}(p+s) = 0 \tag{21.18}$$

も得られる．(21.15) の最後の式と (21.17)-(21.18) より，$v_m = k_2 e_T$ に対して

$$\frac{\mathrm{d}p}{\mathrm{d}t} = \frac{v_m s}{k_m + s}, \quad \frac{\mathrm{d}s}{\mathrm{d}t} = -\frac{k_m s}{k_m + s} \tag{21.19}$$

となる．

(21.19) において，k_m は反応速度定数から定まり，v_m は反応速度 $\dfrac{\mathrm{d}p}{\mathrm{d}t}$ の最大値であるので，いずれも測定可能である．このことからシステム生物学ではこの反応式がよく用いられる．v_m は見かけの反応速度で，触媒の保存量 e_T に比例していることに注意する．

● **重合の規則** ●　A 分子の重合・解離反応

$$A + A \to AA, \quad AA \to A + A \tag{21.20}$$

の反応速度は，一方の A をこの反応には不活性な別の分子 C と結合した状態 AC を考え，A と AC との反応によって反応速度を定める．

$$A + AC \to AAC\ (k), \quad AAC \to A + AC\ (\ell)$$

実際，単位体積当たりの A の分子数を N とすると，A と A が出会う (A, A) の組み合わせの数は

$$\frac{1}{2}N(N-1) \sim \frac{N^2}{2}$$

で，この数が粒子の衝突頻度に比例するので (21.20) の反応速度はこの場合

$$A + A \to AA\ (k/2), \quad AA \to A + A\ (\ell)$$

となる．

解離についてはこのままであるが，結合については A を 2 回数えることになるので式としては

$$\frac{\mathrm{d}[A]}{\mathrm{d}t} = 2\left(-\frac{k}{2}[A]^2 + \ell[AA]\right), \quad \frac{\mathrm{d}[AA]}{\mathrm{d}t} = \frac{k}{2}[A]^2 - \ell[AA] \tag{21.21}$$

となる．(21.21) から保存則

$$\frac{\mathrm{d}}{\mathrm{d}t}([A] + 2[AA]) = 0$$

が出て，求積法によって解を陽に表示することもできる.

●**修飾分子**● 　化学反応によって分子の一部が他の分子に置き換えられているとき，その分子は修飾されているという. 修飾する分子がその反応に関わるときには適宜反応係数を変更する. 例えば素過程が

$$A + B \to AB\ (k), \quad AB \to A + B\ (\ell)$$

である場合，A と BB との結合，解離は

$$A + BB \to ABB\ (2k), \quad ABB \to A + BB\ (\ell)$$

また A と AB との結合，解離は

$$A + AB \to ABA\ (k), \quad ABA \to A + AB\ (2\ell)$$

となる.

章末問題

$t = 0$ でコーヒーの温度が $80\,$℃ であったが，室温 $20\,$℃ の部屋に 4 分放置すると $60\,$℃になった. $40\,$℃ になるのは何分後か.

ねらい 観測値と (21.9) を用いて物理定数 k を求めて，将来の温度を予測する. 答えは

$$t = 10.8380\ldots (\text{分})$$

程度である.

●コラム 21　　偏微分方程式

　求積できない常微分方程式は多いが，偏微分方程式は通常求積できない. そこで用いられるのが数値解法である. **有限差分法**が関数の微分を差分商に置き換えるのに対し，**有限要素法**は，数値計算のために有力な方法で，重積分を用いて偏微分方程式を強形式から**弱形式**に変換し，その弱形式を有限次元に落として**離散化**することで近似解を求める方法である. 有限要素法は偏微分方程式の汎用性のある数値解法で，それぞれの問題についてその弱形式が定式化できれば，FreeFEM 等のパッケージ化されたソフトが活用されている.

　　例えば有界領域 $D \subset \mathbb{R}^2$ における**ポアソン方程式**のディリクレ問題

$$-\Delta u = f, \qquad u|_{\partial D} = 0 \tag{21.22}$$

の弱形式は次のように導入する．ただし ∂D は D の境界で

$$\Delta = \nabla \cdot \nabla = \frac{\partial}{\partial x_1}\frac{\partial}{\partial x_1} + \frac{\partial}{\partial x_2}\frac{\partial}{\partial x_2} = \frac{\partial^2}{\partial x_1^2} + \frac{\partial^2}{\partial x_2^2}$$

は**ラプラシアン**である．

　　そのために 3.3 節の勾配作用素 ∇ を用いて，ベクトル値関数 $\boldsymbol{\varphi}$ に対する**発散公式**を次のように書く．

$$\int_\Omega \nabla \cdot \boldsymbol{\varphi}\,\mathrm{d}\boldsymbol{x} = \int_{\partial \Omega} \boldsymbol{\nu} \cdot \boldsymbol{\varphi}\,\mathrm{d}S$$

ここで右辺の $\boldsymbol{\nu}$ は $\partial\Omega$ 上の単位法ベクトル，$\mathrm{d}S$ は $\partial\Omega$ 上の面積要素である．発散公式から，スカラー関数 $v = v(x_1, x_2)$ に対する**部分積分**の公式

$$\int_\Omega \frac{\partial v}{\partial x_i}\,\mathrm{d}\boldsymbol{x} = \int_{\partial\Omega} \nu_i v\,\mathrm{d}S, \quad i = 1, 2$$

が得られる．ただし $\boldsymbol{\nu} = (\nu_1, \nu_2)^T$ とする．

　　この式から u, v が境界 ∂D においてゼロであれば，形式的に

$$\int_D (\Delta u)v\,\mathrm{d}\boldsymbol{x} = -\int_D \nabla u \cdot \nabla v\,\mathrm{d}\boldsymbol{x}$$

となり，(21.22) の弱形式である．任意の $v|_{\partial D} = 0$ に対して

$$\int_D \nabla u \cdot \nabla v\,\mathrm{d}\boldsymbol{x} = \int_D fv\,\mathrm{d}\boldsymbol{x}$$

を満たし，$u|_{\partial D} = 0$ である u を求めるという問題が得られる．

22 力学系

微分方程式の解は陽に表示することができなかったり，できたとしてもその表示があまり役に立たないことが多い．ポアンカレは解の一意存在を根拠として，微分方程式そのものを用いて解を論ずることを提唱した．解の一意存在を論ずるのが微分方程式の基本定理であり，方程式から解の挙動を解析するのが定性的理論である．1階の常微分方程式系の場合，基本定理が成り立てば初期値毎に解の軌道が定まる．力学系は軌道全体の動向を表す用語である．

22.1 ● 定性的理論

コラム 10 で述べたように，ポアンカレは解を表示することなく方程式から解の性質を導き出すことを考えた．その根拠となるのが解の存在と一意性で，このことが成り立つことを基本定理という．常微分方程式系の場合，基本定理は初期値を定めたとき解が一意存在するかどうかということであり，アダマールは後に，解の一意存在に加えて，データ（この場合は初期値）についての連続的依存性を要請し，解の一意存在と合わせて問題の適切性と呼んだ．

外力項を

$$\boldsymbol{f} = \boldsymbol{f}(\boldsymbol{x}, t) : \mathbb{R}^n \times (0, T) \to \mathbb{R}^n$$

初期値を $\boldsymbol{x}_0 \in \mathbb{R}^n$ とする常微分方程式

$$\frac{\mathrm{d}\boldsymbol{x}}{\mathrm{d}t} = \boldsymbol{f}(\boldsymbol{x}, t), \ \boldsymbol{x}|_{t=0} = \boldsymbol{x}_0$$

については，$\boldsymbol{f} = \boldsymbol{f}(\boldsymbol{x}, t)$ の $(\boldsymbol{x}, t)$ に関する連続性と，$\boldsymbol{x}$ に関するリプシッツ連続性があれば，適切性は時間局所的に成り立つ．以後，方程式の「適切性」は，初期値問題の解の時間局所的な一意存在と初期値に対する解の連続性が成り立つことを指すことにする．

適切性の下に定性的理論を展開するとき，次に問題となるのが解の時間大域挙動である．特にある有限時間を越えて延長できない状況が解の爆発で，適切

に設定された常微分方程式系では，解が時間とともに非有界となることによっ
て発生する.

解を陽に表示することで，解の挙動を明らかにすることができることもある.
例えば，生物種の個体数が大きいとき，それを巨視的に時間に依存する連続値
と考えたものを $N(t)$ としよう. **マルサスの法則**では，$b > 0$ を定数として

$$\frac{\mathrm{d}N}{\mathrm{d}t} = bN, \quad N|_{t=0} = N(0) > 0$$

とするので解

$$N(t) = N(0)e^{bt}$$

は時間とともに指数関数的に増大する. 抑制効果を入れて，一定量 $N_0 > 0$ よ
り $N(t)$ が増大しないようにしたのが**ロジスティック方程式**

$$\frac{\mathrm{d}N}{\mathrm{d}t} = b(N_0 - N)N, \quad N|_{t=0} = N(0) \in (0, N_0) \tag{22.1}$$

である. ここでは $b(N_0 - N)$ が増殖率で，$N = N(t)$ が N_0 に近づけば，その
値はゼロに漸近する.

(22.1) を正規化して

$$\dot{x} = (1 - x)x, \quad x(0) = x_0 \in (0, 1) \tag{22.2}$$

を考える. 求積法によって解を陽に表示するとシグモイド関数

$$x(t) = \frac{x_0}{x_0 + (1 - x_0)e^{-t}}$$

となり

$$0 < x(t) < 1, \quad \lim_{t \to \infty} x(t) = 1 \tag{22.3}$$

であることがわかる. ロジスティック方程式 (22.1) の場合では，個体数 $N(t)$
は t のとともに単調に増加して，許容量 N_0 に近づくことになる.

上述したように，一般の 1 変数常微分方程式

$$\dot{x} = f(x) \tag{22.4}$$

では $f(x)$ の逆数の原始関数を求められずに，求積できないことも多い. (22.4)
において

$$f(x_0) = 0$$

となる x_0 を**定常解**という．(22.4) が適切であるとき，初期値が定常解であれば解は（一意であるので）時間に依存しない．(22.2) において $x_0 = 1$ は定常解であるので，その解 $x(t)$ は単調に増加するものの，$x_0 = 1$ には到達できない．また増加率 $\dot{x}(t)$ を下から見積もることにより (22.3) 第 2 式が成り立つこともわかる．

(22.2) において定常解 $x_0 = 1$ は，その近くの解の軌道を引き寄せる．一方でもう一つの定常解 $x_0 = 0$ はその近くの解の軌道を遠ざける．これらは定常解の**安定性**の問題で，前者は**漸近安定**，後者は**漸近不安定**ともいう．**線形化理論**は定常解の安定性を調べる強力な方法で，(22.4) において x_0 が $f(x_0) = 0$ を満たしてその定常解であるとし，$f(x)$ が $x = x_0$ で微分可能であるときは，$f'(x_0) < 0$ ならば，x_0 は漸近安定，$f'(x_0) > 0$ ならば x_0 は漸近不安定で，このことをそれぞれ**線形化安定**，**線形化不安定**という．

一般に定常解の近傍の軌道の様子を調べることを**局所理論**といい，線形化はその基本的なツールである．一方で軌道や力学系を全体としてとらえるのが**大域理論**で，そのための有力な方法として第 6 章で述べたモース理論がある．例えば (22.4) において線形化安定な二つの定常解が存在する場合，その間には不安定な定常解が存在する．

1次元力学系

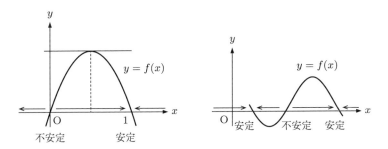

22.2 ● 高次元力学系

一般に，時間を陽に含まない常微分方程式系

$$\frac{\mathrm{d}\boldsymbol{x}}{\mathrm{d}t} = \boldsymbol{f}(\boldsymbol{x}),\ \boldsymbol{x} = \boldsymbol{x}(t) \in \mathbb{R}^n,\quad \boldsymbol{f} : \mathbb{R}^n \to \mathbb{R}^n \tag{22.5}$$

を**自励系**という．初期値問題が時間局所的に適切である自励系の常微分方程式
系の解の軌道は，互いに横断的に交わらず，空間を埋め尽くす．このようなも
のを**葉層**という．力学系理論は大まかにいうと，葉層構造を解明する理論で
ある．

(22.5) においても $f(\boldsymbol{x}_*) = 0$ となる $\boldsymbol{x}_*$ を定常解という．1 変数の場合と同
様に，初期値が定常状態である場合には解はそこに居続け，逆に定常解でない
初期値から出発した軌道は，いつまでたっても定常解に到達することができ
ない．

2 変数の場合に 8.3 節で述べたように，線形化安定性を定めるのが行列

$$J_{\boldsymbol{f}}(\boldsymbol{x}) = \left(\frac{\partial f_j}{\partial x_i}(\boldsymbol{x}) \right)$$

で，$\boldsymbol{f} = (f_j(\boldsymbol{x}))$ のヤコビ行列という．ヤコビ行列の行列式がヤコビアンで
ある．

ヤコビ行列 $J_{\boldsymbol{f}}(\boldsymbol{x})$ が $\boldsymbol{x} = \boldsymbol{x}_*$ で退化していないとき，すなわち正則行列であ
るとき，定常解 $\boldsymbol{x}_*$ は**非退化**であるという．非退化定常解の近くの軌道は，そ
の**線形化方程式**

$$\frac{\mathrm{d}\boldsymbol{y}}{\mathrm{d}t} = J_{\boldsymbol{f}}(\boldsymbol{x}_*)\boldsymbol{y} \tag{22.6}$$

の $\boldsymbol{y} = \boldsymbol{0}$ の近くの軌道に支配され，このことから各定常解の安定性を議論する
ことができる．これが**線形化安定性理論**である．

21.1 節で述べたように，線形化方程式 (22.6) の解の挙動は，$A = J_{\boldsymbol{f}}(\boldsymbol{x}_*)$ の
固有値が第一義的に支配する．特に，5.2 節で述べたように，A の固有ベクト
ルが線形独立である場合は，A が対角化できるので，n 個の固有値 $\lambda_1, \dots, \lambda_n$

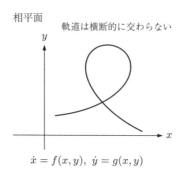

相平面

軌道は横断的に交わらない

$\dot{x} = f(x, y), \ \dot{y} = g(x, y)$

の状況が，$\boldsymbol{x}_*$ の安定性を完全に決定する．

　一般に実または複素正方行列の固有値は複素数であるが，その実部の符号が全て負であれば (22.6) の解は $t \to +\infty$ でゼロに収束する．この意味で (22.5) の定常解 $\boldsymbol{x}_*$ は安定である．さらにすべての固有値に虚部がなければその収束は直線的であるが，虚部があるとオイラーの公式から回転運動の要素が加わる．A の実部が負の固有値の数をモース指数といい，$\boldsymbol{x}_*$ の安定性の度合を示す．

　非退化定常状態 $\boldsymbol{x}_*$ はそのモース指数の次元を持つ**安定多様体**と，全空間の次元からモース指数を引いた**余次元**をもつ**不安定多様体**を生成し，その近傍の (22.5) の葉層を支配する．線形化安定性理論は，定常状態の近傍での (22.5) の軌道を記述する局所理論である．

　自励系 (22.5) が複数の定常状態を持つと，それぞれの安定多様体や不安定多様体が結合することで葉層構造が構築される．すべての定常状態が非退化であれば，それらのモース指数は独立ではありない．これがコラム 6 で述べたモース理論で，例えば臨界点のモース指数は全体としてモース不等式といわれる関係をもつことが知られている．

22.3 ● 感染症の数理モデル

　感染症の数理モデルのうち，最も基本的な SIR モデルでは，未感染者 S，感染者 I，除外者 R についての関係を常微分方程式系で書く．S と I が出会うと β の割合で感染が発生し，I は定率 γ で R に移行する．このことを

$$S + I \to I\ (\beta), \quad I \to R\ (\gamma)$$

で表すと，対応する数理モデルは

$$\frac{\mathrm{d}S}{\mathrm{d}t} = -\beta SI, \quad \frac{\mathrm{d}I}{\mathrm{d}t} = \beta SI - \gamma I, \quad \frac{\mathrm{d}R}{\mathrm{d}t} = \gamma I \tag{22.7}$$

となる．

　(22.7) は 2 次反応である．第 1 式と第 2 式において I と S の掛け算 SI が用いられているのは質量作用の法則で，I と S が出会う組み合わせの数を表している．したがってこのモデルは I, S はまんべんなく接触して一定の割合で感染が発生する状況を示している．

(22.7) から

$$\frac{\mathrm{d}}{\mathrm{d}t}(S + I + R) = 0$$

であるので初期値を

$$S|_{t=0} = S_0 > 0, \ I|_{t=0} = I_0 > 0, \ R|_{t=0} = 0$$

とすると

$$N = S + I + R = S_0 + I_0$$

は定数で，R は

$$R = N - (S + I)$$

で与えることができる.

　(22.7) は第 1，第 2 式で閉じた自励系と見なすことができ，その軌道上では $\rho = \gamma/\beta$ に対して

$$\frac{\mathrm{d}I}{\mathrm{d}S} = \frac{\mathrm{d}I/\mathrm{d}t}{\mathrm{d}S/\mathrm{d}t} = -1 + \frac{\rho}{S} \tag{22.8}$$

が成り立つ. このことから I を S で積分した**積分曲線**

$$I = -S + \rho \log S + C$$

が得られ，軌道はこの曲線上にある. 初期値によって積分定数 C を定めれば

$$I = N - S + \rho \log \frac{S}{S_0} \tag{22.9}$$

となる.

　(22.9) で表される SI 平面上の曲線は $S = \rho$ でピークをもち，軌道はこの上を S が減少する方向に進む. 感染者 I がピークアウトしているかどうかはそのときの**実効再生産数**

$$r = \frac{S}{\rho}$$

で判定できる. (22.8) により，$r > 1$ であれば感染者は増加し $r < 1$ であれば感染者は減少に転じている.

　潜在的な感染力を測るのが**基本再生産数**

$$r_* = \frac{N}{\rho}$$

である．この値は

$$\left.\frac{\mathrm{d}I}{\mathrm{d}S}\right|_{S=N} = -1 + \frac{1}{r_*}$$

に由来し，通常 $r_* > 1$ である．基本再生産数は初期状態で $I_0 = 0$ である場合に，S の減少に従って I がどの程度の傾きでから増加するかを表している．

感染症流行がこのモデル通りに推移するとすれば，r_* と N によって (22.9) のパラメータ S_0 を決めることができる．SI 平面上の軌道は積分曲線によって定まり，ピークでの感染者数を割り出すことができる．

また，質量作用の法則が I と S の組み合わせの数をもとに定められていることから，現実世界で予測を得るためには，I と S の出会いがどのように実現されているかを考慮しなければならないこともわかる．

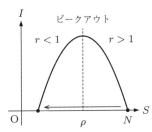

実効再生産数 $r = \dfrac{S}{\rho}$

基本再生産数 $r_* = \dfrac{N}{\rho}$

章末問題

1 次元力学系 (22.4) において $f(x)$ は連続微分可能であるとする．二つの定常解 $x_1 < x_2$ が存在してどちらも線形化安定であるとすると，(x_1, x_2) 上に不安定な定常解が存在することを示せ．

ねらい　中間値の定理によって，定常解の安定・不安定が大域的な影響を及ぼすことを理解することをねらいとしている．

● **コラム 22 定常解からの分岐**

自励系 (22.5) において，非線形項 $\boldsymbol{f}$ がパラメータ $\lambda \in \mathbb{R}$ に依存する場合，その定常状態の集合

$$\{\boldsymbol{x}_* \in \mathbb{R}^n \mid \boldsymbol{f}(\boldsymbol{x}_*, \lambda) = 0\}$$

も λ に依存する．陰関数定理によって $\lambda = \lambda_*$ に対する定常状態 $\boldsymbol{x}_*$ が非退化，すなわち

$$J_{\boldsymbol{f}}(\boldsymbol{x}, \lambda) = \left(\frac{\partial f_j}{\partial x_i}(\boldsymbol{x}, \lambda) \right), \quad \boldsymbol{f} = (f_j(\boldsymbol{x}, \lambda))$$

に対して $J_{\boldsymbol{f}}(\boldsymbol{x}_*, \lambda_*)$ が正則行列である場合は，$(\boldsymbol{x}_*, \lambda_*)$ の近傍に $\boldsymbol{x} = \boldsymbol{x}(\lambda)$ となる定常状態が一意存在する：

$$\boldsymbol{f}(\boldsymbol{x}(\lambda), \lambda) = 0, \quad |\lambda - \lambda_*| \ll 1, \quad \boldsymbol{x}(\lambda_*) = \boldsymbol{x}_*$$

逆に退化する定常解からは，λ の変動とともに多くの場合いくつかの定常解が分岐し，安定性の交代が起こる．**ピッチ・フォーク分岐**はその典型例である．一方 $J_{\boldsymbol{f}}(\boldsymbol{x}_*, \lambda_*)$ が（共役な）純虚数固有値を持つときは λ の変動とともに，多くの場合そこから周期解が発生する**ホップ分岐**がおこる．

ホップ分岐が繰り返されるとその力学系はカオス的になる．

あとがき

Society 5.0 は，第 5 期科学技術基本計画において，我が国が目指す未来社会の姿として提唱されたものである．情報社会である Society 4.0 では，知識と情報の共有や連携が不十分で，必要な探索や分析が人間にとって負担となっていた．そこではリテラシーが必要であり，様々な事情による労働や行動範囲の制約が存続して，地域の課題や高齢者ニーズに十分に対応できていなかった．第 4 次産業革命が拓く Society 5.0 は人間中心の社会である．ここでは，すべての人とモノが IoT でつながって新たな価値が生まれ，必要な情報を必要な時に AI が提供し，ロボット・ドローン・アバターが人の可能性を広げていく．

一方で，データ流通のグローバル化とスマートフォンの普及がもたらしたプラットフォーマーによるビッグデータの寡占は，仮想通貨など既存の枠組みにとらわれないビジネスを生み出し，既存の事業やビジネスモデルが簡単に破壊されるリスクを誘導した．IoT・情報セキュリティ・AI・ビッグデータが第 4 次産業革命の要であり，ソリューション企画，データベース，マルチメディアなどに関わるデータエンジニアリングは，現代社会の基盤となるツールである．3 次にわたる AI の興亡も激しく，人種・ジェンダー・宗教によるバイアス，個人情報の保護に加えて，現在ではフェイク動画や ChatGPT の出現によってデータ生成の倫理が大きな問題となっている．

ムリ・ムダ・ムラを徹底的に排除するのに有効であった Plan（計画）Do（行動）Check（検証）Action（改善）の PDCA サイクルは，今やデータに基づいた Problem（課題）Plan（計画）Data（データ）Analysis（分析）Conclusion（結論）の PPDAC サイクルに置き換えられている．PDCA サイクルの「計画」は答えがわかっている状況でいかに効率的に運営するかを設定するものであったのに対し，PPDAC サイクルではまず課題を見出すことが先決であり，次の「計画」は答えがわかっていない状況で，よりよい答えを見つける方策を具体的に立案することを求めるものである．

PDCA サイクルから PPDAC サイクルへの転換が成功するためには，データ

タと分析が何であり，それが何をもたらすかを感覚として知っている必要がある．そのためには，まえがきで述べたように，ツールの根拠となっている数学とその使われ方を理解することが近道である．データサイエンスには 20 世紀の数学の考え方が随所に垣間見られるため，本書ではそれらを意識的に取り上げた．関連した題材を知りたい読者のために以下の文献を挙げて補足としたい．

● **線形代数** ●　最も基礎となる線形代数について，LU 分解や QR 分解など，概略にとどめたところは

[1] Strang, G., *Linear algebra and its applications*, Academic Press, 1976. (山口昌哉 監訳，井上昭 訳『線形代数とその応用』産業図書，1978)

が参考になる．またラッソやクラスタリングの詳細アルゴリズムについては，同じ著者の

[2] Strang, G., *Linear algebra and learning from data*, Wellesley-Cambridge Press, 2019. (松崎公紀 訳『線形代数とデータサイエンス』近代科学社，2019)

が扱っている．いずれもやや冗長であるが内容豊富であり，行列の階数やベクトル空間の次元などを簡潔に扱う線形代数の基礎的な教科書と併用すると有益である．

● **微積分** ●　微積分についてもおびただしい教科書が出版されているが，より詳しく学び直したい場合は

[3]　荷見守助・堀内利郎 著『現代解析の基礎』内田老鶴圃，1989

　特に多変数の積分については

[4]　杉浦光夫 著『解析入門 II』東京大学出版会，1980

をあげておく．

● **最適化と確率論** ●　最適化や確率論と関連するデータサイエンスの基本的な技法については適宜

[5]　数理人材育成協会 編『データサイエンス リテラシー ～ モデルカリキュラム準拠』培風館，2021

[6]　数理人材育成協会 編『データサイエンス 応用基礎』培風館，2022

[7]　数理人材育成協会 編『データサイエンティスト教程 応用』学術図書出版

社，2021

[8]　江口翔一・太田家健佑・朝倉暢彦 著『統計データリテラシー』培風館，
　　　2022

を参照されたい．

索　引

編集　鈴木 貴　大阪大学特任教授，数理人材育成協会代表理事

編集委員　高野 渉　大阪大学特任教授

朝倉 暢彦　大阪大学特任准教授

中澤 嵩　大阪大学准教授

下川 和郎　大阪大学招聘研究員

江口 翔一　大阪工業大学特任講師

森岡 悠　愛媛大学准教授

データサイエンティスト教程　基礎 II

2023 年 6 月 16 日　第 1 版　第 1 刷　印刷
2023 年 6 月 30 日　第 1 版　第 1 刷　発行

編　集　一般社団法人 数理人材育成協会

発 行 者　発 田 和 子

発 行 所　株式会社　学術図書出版社

〒113-0033　東京都文京区本郷 5 丁目 4 の 6
TEL 03-3811-0889　振替 00110-4-28454
印刷　三松堂（株）